AF542153

RÈGLEMENTS & TARIFS

DE LA COMPAGNIE

DES DOCKS-ENTREPOTS

DU HAVRE

HAVRE

Imprimerie du Commerce, A. [illegible]

1873

PLAN GÉNÉRAL DES DOCKS-ENTREPÔTS DU HAVRE

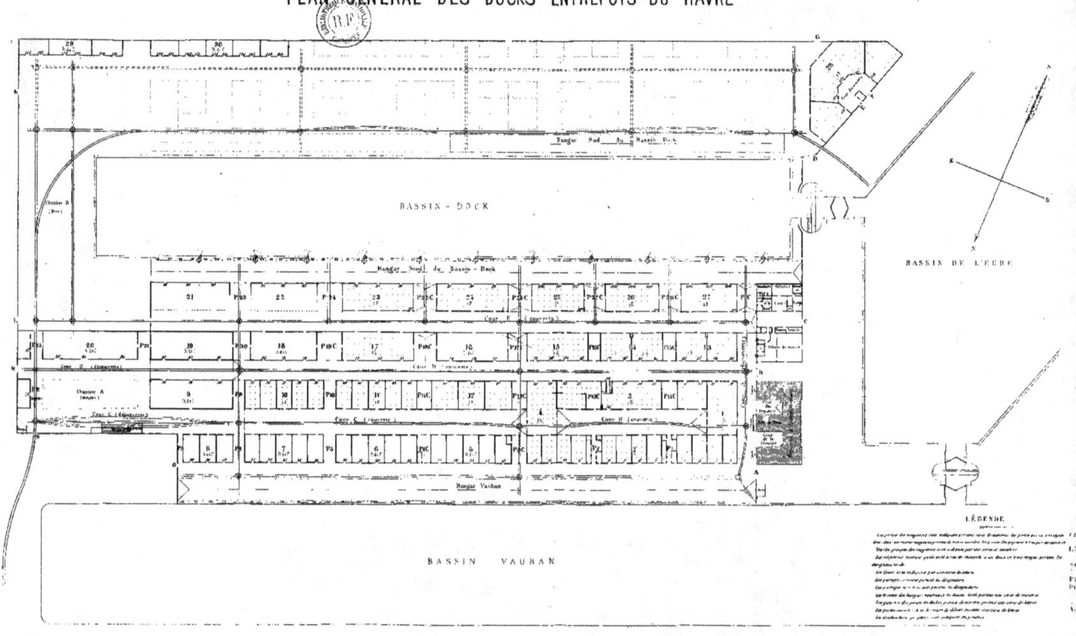

RÈGLEMENTS ET TARIFS

DE LA COMPAGNIE

DES DOCKS-ENTREPOTS DU HAVRE

PREMIÈRE PARTIE

RÈGLEMENT

ARTICLE PREMIER

Navires admissibles dans le Dock

Le Dock est ouvert à tous les navires venant de l'étranger ou de France qui s'y présenteront pour décharger leur cargaison, ou y opérer leur chargement.

ARTICLE 2

Navires pour lesquels l'entrée du Dock est obligatoire

Le débarquement au Dock est obligatoire pour tous les navires dont moitié de la cargaison se compose de marchandises destinées à l'entrepôt réel.

Il ne sera permis à ces navires d'effectuer de déchargement sur d'autres points que dans les cas où il ne pourrait leur être donné de place au Dock, jusqu'au moment où, d'après la date du dépôt du manifeste, ils auraient droit à une place à quai dans les autres bassins.

ARTICLE 3

Conditions d'admission dans le Dock et à bord des Navires

Nul ne peut rester dans le Dock après l'heure de la fermeture des travaux; nul ne peut être admis à bord des navires sans permis, sauf l'armateur, le consignataire, le courtier ou leurs agents, le capitaine ou le second.

Par exception, les hommes de l'équipage seront admis dans le Dock, s'ils sont munis d'une autorisation motivée de leur capitaine ou second.

Il sera remis par le chef du Dock, sur la demande du capitaine ou du second, des permis aux employés et ouvriers qui doivent préparer le navire au déchargement ou effectuer à bord tout autre travail indispensable.

ARTICLE 4

Travaux à bord des Navires

Il est généralement défendu de se servir d'aucun employé ou ouvrier autre que ceux de l'administration, dans le chargement ou le déchargement des navires, ou pour tout autre travail à effectuer dans l'enceinte du Dock. Toutefois, les travaux à bord des navires pour les chargements et les déchargements pourront être faits par les hommes de l'équipage lorsqu'ils seront en nombre suffisant; dans ce cas le navire n'aura à payer à la Compagnie pour l'emploi des quais ou hangars de l'établissement des Docks que le tiers des frais de débarquement ou de chargement fixés par le tarif.

Lorsque l'équipage sera insuffisant pour opérer le débarquement, la Compagnie fournira le complément au prix fixé par le tarif des cas imprévus, mais seulement lorsque l'insuffisance ne s'élèvera pas à plus du tiers, autrement le travail sera fait entièrement par le Dock.

Les agrès et apparaux du navire devront être mis à la disposition des ouvriers du Dock.

Les navires munis de treuils à vapeurs jouiront, sur les frais de déchargement, d'une bonification qui sera convenue de gré à gré ; le charbon, la graisse, le mécanicien et l'ouvrier qui dirige le treuil, seront fournis par le navire sous la responsabilité du capitaine.

ARTICLE 5

Défense de donner des spiritueux ou des gratifications aux employés et ouvriers du Dock

Il est recommandé de ne donner aux employés ou ouvriers du Dock ni vins, ni spiritueux, ni salaires, ni gratifications d'aucune nature. En négligeant de se conformer à cette prescription, l'on exposerait ceux-ci à la perte immédiate de leurs emplois.

ARTICLE 6

Déchargement à tour de rôle

Les navires sont mis en déchargement à tour de rôle, dans l'ordre du dépôt du manifeste en douane, conformément à l'article 13 de la loi du 22 août 1791.

Avant la remise des déclarations en douane, la Compagnie pourra faire procéder au débarquement des marchandises. Le capitaine, le second, ou bien une autre personne dûment autorisée à cet effet par l'armateur ou le consignataire, et, à défaut de consignataire, par le courtier du navire, doit être présent à bord pendant le déchargement.

A l'égard des opérations de pesage et de vérification par la douane, la Compagnie représentera les réclamateurs des marchandises en cas d'absence.

Tout navire qui a pris place à l'un des quais du Dock doit y être chargé ou déchargé, à moins qu'il ne paye au Dock une indemnité de 10 centimes par tonneau de jauge et par jour.

ARTICLE 7

Déclarations en Douane après les trois jours de l'arrivée

Pour éviter un encombrement préjudiciable à tous les intérêts, les marchandises qui, faute de la remise des déclarations en détail dans les trois jours francs du dépôt du manifeste en douane, ou pour quelque cause que ce soit, indépendante du Dock, ne pourront pas être soumises à la vérification de douane, seront frappées d'une augmentation de 50 0/0 sur les droits de livraison sur le quai, et ce, sans préjudice de l'application par la douane, quand elle le jugera convenable, des dispositions relatives à la mise au dépôt des marchandises non déclarées.

ARTICLE 8

Lingots, espèces et colis de valeur

Le capitaine demeure responsable des lingots, espèces, bijoux et colis de valeur existant à bord, qu'ils fassent partie de la cargaison ou soient propriété particulière, à moins qu'il ne préfère les donner en dépôt à la Compagnie, auquel cas les articles ou colis en question seront l'objet d'une déclaration de depôt spécial, sans augmentation des frais portés au tarif.

ARTICLE 9

Dommages et pertes éprouvés dans la manutention, à bord des Navires

La Compagnie ne sera responsable des pertes ou dommages éprouvés par les marchandises, à bord d'un navire, soit dans le désarrimage, soit dans l'élingage desdites marchandises, qu'autant que le travail entier aura été accompli par ses ouvriers.

ARTICLE 10

Règles que doivent observer les capitaines ou seconds ayant charge ou commandement d'un Navire entré dans le Dock

Tout capitaine, second ou autre personne ayant charge ou commandement d'un navire, est tenu, au moment de son entrée dans le Dock, de disposer ses agrès de manière à éviter tout contact avec les hangars et bâtiments, et, après avoir pris la place qui lui est assignée, d'amarrer le navire pour garantir sa sûreté. Il est tenu chaque soir, avant la clôture du Dock, d'examiner avec soin l'état de ses amares, tant à bord que sur le quai, et de faire tout ce que les circonstances pourront exiger, à l'effet d'accroître la sécurité du navire, en augmentant, au besoin, le nombre et la force des chaînes, câbles, etc., la Compagnie n'étant, en aucun cas, responsable des avaries que peuvent éprouver les navires.

ARTICLE 11

Le navire entrant, sortant ou accomplissant dans le Dock un mouvement quelconque, doit être manœuvré par le capitaine et l'équipage, conformément aux directions de l'officier de port chargé du service du Dock.

S'il n'y a pas assez de monde à bord pour hâler ou déhâler le navire, la Compagnie fournira, aux frais du navire, un nombre d'hommes suffisant, qui travailleront sous la direction responsable du capitaine ou de ses officiers.

ARTICLE 12

Sortie des Navires après déchargement

Tout navire qui aura effectué son déchargement dans le Dock ne pourra sortir de l'enceinte du Dock que sur un permis délivré dans les bureaux de la Compagnie. Ce permis devra être délivré au capitaine dans les deux heures de la demande qui en sera faite par écrit par le consignataire du navire, ou, à défaut, par le courtier. (En cas de contestation, voir l'article 35.)

En cas d'infraction au présent article, l'armateur, le consignataire, ou le courtier faute de consignataire, seront responsables de tous les frais incombant au navire qui n'auront pas été acquittés par le capitaine.

ARTICLE 13

Sur la demande des consignataires, des carnets de poids des cargaisons seront délivrés par la Compagnie, dans les vingt-quatre heures de la fin de la vérification, aux prix établis ci-dessous, suivant la jauge des navires admise par la douane :

200	tonneaux	et au-dessous	F. — 10
201	dº	à 500	— 15
501	dº	et au-dessus	— 25

ARTICLE 14

Feu et lumières

Il est défendu formellement de fumer dans l'enceinte du Dock, sur le quai ou dans les cours, comme aussi d'y entrer avec du feu, de la lumière, des allumettes chimiques ou autres matières inflammables. Toute infraction sera punie d'une amende de 10 francs.

ARTICLE 15

Heures d'ouverture et fermeture des bureaux et magasins du Dock

Les bureaux du Dock seront ouverts :

Du 1er avril au 30 septembre, de 7 heures du matin à midi, et de 2 heures du soir à 7 heures.

Du 1er octobre au 31 mars, de 8 heures du matin à midi; de 2 heures du soir à 6 heures.

Les heures de travail dans les magasins sont :

Du 1er avril au 30 septembre, de 6 heures du matin à 7 heures du soir.

Du 1er octobre au 31 mars, de 7 heures du matin jusqu'à la chute du jour, sauf le temps consacré au repas.

Les chargements et déchargements de navires pourront avoir lieu du lever au coucher du soleil.

En été, ils ne pourront commencer avant 5 heures du matin, ni se prolonger au-delà de 8 heures du soir.

Les marchandises débarquées en dehors du Dock ne pourront être introduites dans l'enceinte de l'entrepôt passé les heures fixées pour la cessation du travail dans les magasins.

Les voitures qui n'arriveraient pas au moins un quart d'heure avant la fermeture des magasins, le soir, devront rester chargées jusqu'à la reconnaissance par la Compagnie, qui n'aura lieu que le lendemain matin. Toutefois la Compagnie se réserve le droit de modifier, d'accord avec l'autorité supérieure, les heures du travail dans ses établissements.

ARTICLE 16

Obligations et responsabilité de la Compagnie

La Compagnie est seule et exclusivement chargée de toutes les opérations relatives aux marchandises depuis leur entrée jusqu'à leur sortie du Dock.

Elle choisit ses ouvriers et hommes de peine, à la charge par elle de les faire agréer par l'administration des douanes. Elle est responsable de la garde et de la conservation de la marchandise entreposée, sauf les avaries et déchets naturels provenant de la nature ou du conditionnement des marchandises.

La Compagnie ne pourra être rendue responsable des dommages et avaries éprouvés :

1° Par les marchandises qui, non désignées pour l'entrepôt, ne sont pas enlevées des quais du Dock dans la journée de leur vérification par le service des douanes, ou de leur conditionnement;

2° Par les marchandises sortant du magasin, qui ne seraient pas enlevées des cours découvertes dans la journée de leur vérification ou de leur conditionnement.

Néanmoins pour les marchandises autres que bois et métaux, sur les quais ou dans les cours découvertes, dont la vérification ou le conditionnement ne se termineront qu'au moment de la fermeture des grilles, et qui, par suite, ne pourront être enlevées, la Compagnie sera tenue d'en prendre soin sous sa responsabilité, mais pour la nuit suivante seulement, moyennant la perception de 0,03 centimes par 100 kilogrammes.

Les marchandises ne pourront être changées de magasin sans l'autorisation des propriétaires.

ARTICLE 17

Marchandises débarquées en dehors du Dock

Les marchandises débarquées en dehors du Dock, ou provenant des magasins particuliers, que le commerce se proposera de mettre en entrepôt, devront être annoncées au moins quarante-huit heures à l'avance à l'administration, au moyen d'une commande énonçant le nom et le pavillon du navire importateur, le nombre de colis, l'espèce, et, autant que possible, le poids de la marchandise. A défaut de cet avertissement dans le délai indiqué, la Compagnie n'encourra aucune responsabilité à raison du retard qu'éprouverait l'emmagasinement des marchandises.

Le commerce sera également tenu, dans le cas où la marchandise viendrait à recevoir une autre destination, d'en informer l'administration dans les quarante-huit heures de l'avertissement sus-énoncé, et ce, sous peine d'avoir à payer à la Compagnie un tiers du droit de mise en entrepôt, afin de l'indemniser du non-emploi des locaux réservés.

La Compagnie ne sera pas responsable des quantités déclarées pour les marchandises en vrac amenées ainsi de l'extérieur dans le Dock, ni du poids de celles qui n'auraient pas été pesées et escortées par la douane; elle ne sera tenue d'en délivrer des récépissés warrants qu'autant qu'elle aura été mise en mesure, par une commande du propriétaire, de procéder à la reconnaissance de ces marchandises. Dans ce cas, il lui sera alloué, pour les frais de ces réceptions, une indemnité équivalente à la moitié du simple droit de mise en entrepôt. A défaut de cette reconnaissance réclamée à l'entrée dans le Dock, les warrants qui seront demandés après emmagasinement des marchandises donneront lieu à un droit de reconnaissance égal à l'ensemble des droits fixés au tarif pour manutention extra.

La Compagnie fera conditionner d'office, aux frais du propriétaire, après avis par écrit donné au commissaire spécial du commerce, les colis qui ne seraient pas convenablement conditionnés à leur entrée dans le Dock.

Ces frais de conditionnement ne devant porter que sur les colis, particulièrement reconnus en mauvais état, seront payés, par chaque colis conditionné, au double du droit fixé suivant l'espèce de marchandise, à l'article du tarif conçu comme suit : *Recevoir du navire, surveiller, etc., sans échantillonner*.

ARTICLE 18

Manutentions

Les manutentions consistent notamment dans les opérations suivantes :

1° **Débarquement (au compte du navire),**
Désarrimage à bord, mise à terre et part des frais d'abri et d'arrimage sous les hangars;

2° **Livraison sur le quai avec pesage (au compte du navire),**
Désarrimage, pesage, lotissement par marques et séries d'origine ou par classification du tarif de douane, classement des avaries, et remise des notes de poids détaillés aux réclamateurs;

3° **Livraison sur le quai sans pesage (au compte du navire),**
Désarrimage, sortie du parc de déchargement, lotissement par marques et séries d'origine, classement des avaries;

4° **Transport, mise en entrepôt des marchandises déchargées dans le Dock,**
Transport du quai à l'intérieur des Docks et arrimage dans les quarante-huit heures de la vérification;

5° **Mise en entrepôt des marchandises débarquées hors des Docks,**
Simple arrimage dans les quarante-huit heures de l'entrée;

6° **Livraison à la sortie avec pesage, désarrimage, pesage, recensement de douanes,**
Disposition pour l'arbitrage et la réception par l'acheteur;

7° **Livraison sans pesage à la sortie des magasins,**
Même opération sans pesage ni recensement de douane;

8° **Manutention extra,**
Désarrimage, pesage et réarrimage en magasin;

9° **Toutes opérations et fournitures de voilerie et tonnellerie;**

10° **Lestage des navires,**
Mise à bord du lest sans fournitures de mannes ni de matériaux, au prix de F. 1,40 du mètre cube;

11° **Chargement des navires,**
Mise à bord et arrimage sur navire chargeant dans le Dock. 50 % en plus du prix du déchargement pour les navires à voiles et à vapeur, et le prix de déchargement pour les chalands.

ARTICLE 19

Bases des Tarifs, minimum de perception

Toutes les manutentions seront payées à la Compagnie, conformément aux tarifs établis à la suite du présent règlement.

Les prix du tarif des manutentions, autres que celles de tonnellerie et de voilerie, sont établis par 100 kilogrammes par hectolitre et au nombre, sans fractionnement, et calculés sur le poids brut (1).

Les colis d'un poids indivis, au-dessus de 1,800 kilos pour les bois d'ébénisterie et de 1,500 kilos pour les autres marchandises jusqu'à 3,000 kilos, payeront double droit; au-dessus de 3,000 kilos, ils payeront de même que les colis de plus de 6 mètres de long, comme cas imprévus.

Les prix du tarif de conditionnement de tonnellerie et de voilerie sont établis par colis.

Le produit de chaque opération, à l'exception du débarquement et des livraisons sur le quai, ne pourra descendre au-dessous des prix ci-après (2) :

Minimum d'une manutention avec pesage	1 fr.	— c.
— — sans pesage	»	50
Minimum d'un travail de tonnellerie ou de voilerie	»	50

Les marchandises pour lesquelles la tarification des manutentions de simple main-d'œuvre n'a été prévue qu'en colis, et qui arriveraient en grenier, payeront 25 % en plus du droit fixé pour la manutention en colis.

Les frais de toute nature seront payés au comptant après chaque opération.

Les frais de débarquement et de livraison sur le quai sont dus solidairement par le capitaine et le consignataire, et, à défaut du consignataire, par le courtier.

Tous les autres frais sont dus par le propriétaire de la marchandise.

ARTICLE 20

Indivisibilité des droits établis par chaque opération

Les droits tarifés pour chaque opération sont indivisibles; en conséquence, le commerce aura à les payer intégralement, conformément à la commande, qu'il fasse opérer en totalité ou en partie seulement les opérations comprises dans les subdivisions du tarif.

Tout travail commencé et interrompu par un ordre contraire donnera lieu à la perception :

1° Du droit applicable à la partie du travail accompli;

2° A une indemnité proportionnelle à la part de travail qui aurait pu être exécuté pendant le reste de la journée.

ARTICLE 21

Commandes du commerce — Travaux exécutés d'office

Les opérations de manutention et de conditionnement ne seront généralement exécutées que sur commande expresse.

Toutefois, dans l'intérêt du commerce, et à raison des obligations qui incombent à la Compagnie, aux termes de l'article 16, elle sera tenue de faire exécuter d'office :

1° Les conditionnements à bord ou sur le quai pour le compte des navires, conformément à l'usage, en prévenant le capitaine ou le second; ainsi que les conditionnements en cas d'avaries pour compte des réclamateurs;

2° Les opérations de tonnellerie et de voilerie désignées comme suit :

Recevoir du navire, surveiller l'avarie avec conditionnement d'usage;

Surveiller le désarrimage à la livraison ou à la sortie.

Néanmoins, à l'égard de la réception au navire, la Compagnie n'aura pas à exercer cette surveillance, et elle ne fera que les opérations de tonnellerie et de voilerie exigées par la douane, quand le propriétaire de la marchandise aura remis, avant le débarquement, une commande de ne pas surveiller la réception, déchargeant ainsi la Compagnie de toute responsabilité à ce sujet.

(1) Dans le cas de manutention sans pesage, le poids, pour la perception des droits, sera établi sur la moyenne de la partie.

(2) Il sera fait exception pour les colis sortant du dépôt ou du prohibé, pour lesquels un seul minimum sera perçu par commande, quel que soit le nombre de permis de douane.

Dans le cas où, avant le débarquement, il sera donné par le propriétaire de la marchandise un bon de commande pour exécuter un conditionnement complet d'expédition immédiate, il ne sera rien dû pour recevoir, du navire surveiller l'avarie, avec conditionnement d'usage. La Compagnie percevra seulement, dans ce cas, le prix fixé au tarif pour le conditionnement d'expédition ;

3° Sera également exécuté d'office tout conditionnement spécial que réclamerait la douane, ou celui qui exigerait la mise en bon état des colis à leur entrée dans le Dock ou pendant leur séjour en magasin. Dans ces deux derniers cas, avis serait donné par écrit au commissaire spécial du commerce.

ARTICLE 22

Exécution des Commandes à tour de rôle

Les ordres ou commandes du commerce seront exécutés à tour de rôle, dans les délais ci-après indiqués, sauf impossibilité résultant de force majeure.

Les travaux commandés le matin, avant onze heures, commenceront dans l'après-midi du même jour.

Ceux commandés le soir, une heure avant la cessation du travail dans les magasins, commenceront dans la matinée du lendemain. Le service du Dock, fera mention sur les commandes de livraison de l'heure à laquelle le travail devra commencer.

Les commandes du vendeur et de l'acheteur devront être déposées simultanément, et les opérations de livraison commenceront à l'heure indiquée par le Dock, sans qu'il y ait lieu d'attendre la présence des intéressés.

ARTICLE 23

Commandes d'urgence

Sur un ordre exprès et motivé du négociant, la Compagnie fera, sans pouvoir d'ailleurs interrompre les opérations courantes, procéder immédiatement aux travaux déclarés d'urgence, lesquels donneront lieu à la perception du droit fixé par le tarif, augmenté de 50 %.

ARTICLE 24

Magasinage

Le magasinage courra, pour la partie entière, du jour de l'entrée des premiers colis en entrepôt; il sera établi sur le poids brut des colis, et payé comptant à la sortie des marchandises par marques séparées pour les marchandises sujettes à coulage.

Les marchandises séjournant en magasin, de un à quinze jours, payeront le demi-mois; au-delà de quinze jours, elles payeront le mois entier, et ainsi de suite.

Le payement des droits de magasinage dus pour les mois entiers échus au 31 décembre pourra être réclamé à chaque entrepositaire.

En cas de transfert, les frais de magasinage ne seront au compte du nouveau propriétaire qu'à l'expiration de la quinzaine courante.

Les prix sont établis par 100 kilogrammes, par hectolitre, par mètre cube, au nombre, et par 1,000 francs de valeur, n'admettant pas de fractionnement.

Les marchandises venant de l'extérieur, et retirées dans les vingt-quatre heures de leur entrée et avant leur mise en magasin, ne payeront pas de droit de magasinage, mais seront soumises au tiers du droit de mise en entrepôt.

Au cas d'abandon à la douane, les droits de magasinage seront dus par l'entrepositaire jusqu'à l'expiration de la quinzaine dans laquelle l'abandon sera notifié au Dock.

ARTICLE 25

Droit de stationnement imposé aux marchandises laissées sous les hangars ou dans les cours après leur vérification

Un droit de stationnement est dû dans les cas ci-après :

1° Pour les marchandises qui, disposées pour la vérification de la Douane, d'après un bon de commande, ne seraient pas aussitôt présentées à cette vérification, auquel cas avis par écrit en serait donné au commissaire spécial du commerce.

2° Pour les marchandises qui ne seraient pas enlevées dans les vingt-quatre heures après leur vérification en douane, vente publique ou conditionnement.

Ce droit de stationnement sera payé conformément au tarif.

1° Marchandises en boucauts et barriques	15	c. par colis et par jour.
2° — en tierçons	06	— —
3° — en quarts et fréquins	04	— —
4° — en balles	05	— —
5° — en sacs, surons, pagas et robins	02	— —
6° — fardeaux et paquets de fanons	05	— —
7° Caisse de sucre Brésil	12	— —
8° — Havane	05	— —
9° Autres caisses au-dessous de 200 kilogrammes	05	— —
10° Bois et métaux	02	p. 100 kilog. et par jour.
11° Toutes marchandises en vrac et autres non dénommées	04	— —

Indépendamment du droit que se réserve la Compagnie, afin d'éviter un encombrement préjudiciable à tous les intérêts d'emmagasiner d'office, au frais du propriétaire, toutes marchandises qui auraient séjourné plus de trois jours sous les hangars ou dans les cours, à partir du moment de la vérification, vente publique ou conditionnement.

Toute nouvelle opération de manutention ou de conditionnement demandée après la disposition de la marchandise pour la sortie, et qui, par ce fait donnerait lieu à un retard d'enlèvement, n'exempterait pas la marchandise du droit de stationnement, à moins que l'opération demandée ne doive s'appliquer à la totalité de la partie.

Sont affranchies du droit de stationnement les marchandises retenues par le fait seul de la douane.

ARTICLE 26

Marchandises avariées — Ventes publiques

Après constatation de leur état par le service des douanes, les marchandise avariées seront transportées sous un hangar du Dock affecté aux ventes publiques.

Les frais occasionnés par ce transport, le lotissement et la livraison, à la charge du consignataire, seront équivalents aux droits fixés au tarif pour *transport et arrimage*, et *pesage extra* des marchandises débarquées dans le Dock.

Les marchandises provenant des magasins du Dock, et disposées pour la vente publique, seront passibles des mêmes droits.

Ne payeront que les deux tiers de ces droits :

1° Les marchandises vendues devant les magasins d'où elles seront sorties ;

2° Celles venant du dehors du Dock.

Les frais de vente publique, à la sortie du navire, sont indépendants de ceux de livraison sur le quai ; et, à la sortie des magasins, de ceux de désarrimage et de recensement, ainsi que des frais de conditionnement nécessités par l'état de la marchandise.

En outre, les marchandises venant des quais du Dock ou du dehors pour être vendues publiquement payeront un droit de mise à couvert équivalent au droit de magasinage.

Les commandes de disposition et de lotissement pour les ventes publiques devront être remises au Dock au moins quarante-huit heures avant le jour fixé pour la vente, lorsqu'elle ne devra pas excéder 200,000 kilog., ce délai sera augmenté de vingt-quatre heures pour chaque excédant de 100,000 kilog.

ARTICLE 27

Transferts

Les transferts ont lieu sur un ordre écrit du cédant, accepté par le cessionnaire.

Les transferts sans déplacement de la marchandise payeront un droit de 20 centimes par 1,000 kilogrammes, sans que le montant dudit droit puisse s'élever à plus de 5 francs, ni descendre au-dessous de 1 franc.

Tous les frais relatifs aux transferts sont à la charge du cédant.

Les frais de magasinage ne courront au compte du cessionnaire qu'à partir de l'expiration de la quinzaine courante, ainsi qu'il a été dit à l'article 23.

ARTICLE 28

Défense d'entrer dans les magasins — Visite des marchandises

Nul n'est admis dans les magasins du Dock, s'il n'est porteur d'une autorisation du chef du Dock ou d'un ordre écrit du propriétaire de la marchandise.

Des cartes d'entrée personnelles seront délivrées à tous les négociants et courtiers de la place, et aux agents désignés par eux.

Aucune visite, ouverture de colis, échantillonnage ou autre manutention à l'intérieur ne sont faits que sur un ordre spécial écrit du propriétaire de la marchandise.

Les opérations de ce genre qui ne sont pas spécialement tarifées donneront lieu à l'application du tarif de manutentions imprévues.

ARTICLE 29

Marchandises dangereuses

Ne pourront être admises dans le Dock, que dans des magasins spéciaux, toutes marchandises *dangereuses* ou *hasardeuses*, telles que spiritueux, soufre, guano, étoupes goudronnées, brai, goudron, résine, térébenthine, etc.

ARTICLE 30

Ramassage et balayures

Les marchandises provenant des sondages, débourrages, ramassages, celles échappées des colis et qui n'auront pu y être réintégrées, seront remises au commerce, qui aura à payer les frais de ramassage, balayage et fourniture de sacs s'il y a lieu.

Les balayures de magasin qui ne pourront être spécialement attribuées à une partie de marchandises seront recueillies par les soins de la Compagnie et resteront à sa disposition.

ARTICLE 31

Délivrance des Warrants

Conformément aux dispositions de la loi du 28 mai 1858 et du décret du 10 mars 1859, la Compagnie délivrera aux entrepositaires qui en feront la demande des récépissés warrants à ordre pour les marchandises déposées dans les magasins des Docks.

La délivrance de chaque récépissé warrant donnera lieu à la perception d'un droit de 1 franc, y compris le timbre de 0,50 centimes.

ARTICLE 32

Délivrance des bulletins d'entrée

La Compagnie sera tenue de délivrer, sur la demande qui lui en sera faite, à tout propriétaire de marchandises déposées dans le Dock, moyennant la perception d'un droit fixe de 50 centimes, un *Bulletin d'entrée*, signé par un agent du Dock délégué à cet effet.

Ce Bulletin d'entrée devra porter les indications suivantes :

Le numéro et la date d'entrée de la marchandise dans le Dock ;

Le nom du propriétaire et du navire importateur ;

Les marques, le nombre et l'espèce de colis et la nature des marchandises ;

Le poids brut reconnu ou annoncé ;

Le lieu d'emplacement de la marchandise dans le Dock.

Qu'il y ait ou non délivrance du bulletin d'entrée, la sortie des marchandises ne pourra avoir lieu que contre la remise d'un bulletin de décharge.

ARTICLE 33

Transport par wagons entre le Dock et la Gare du chemin de fer

Les marchandises du service international des douanes, ainsi que celles expédiées par train libre, pourront être chargées sur wagon dans l'intérieur du Dock et transportées à la gare du Havre, à raison de fr. 1 du tonneau, de même que les marchandises transportées de la gare du Havre au Dock.

ARTICLE 34

Opérations en Douane et autres pour le compte du commerce

La Compagnie se charge pour le compte des négociants, sur ordres qui lui seront donnés, accompagnés de notes, pouvoirs spéciaux ou autres documents nécessaires, de faire les opérations suivantes autorisées par la loi du 28 mai 1858 et le décret du 12 mars 1859 relatifs aux magasins généraux et aux ventes publiques :

« Opérations et formalités de douane et d'octroi, déclaration de débarquement et d'embarquement.

» Soumissions et déclarations d'entrée et sortie d'entrepôt, transfert et mutations.

» Règlement de fret et autres, entre les capitaines et les consignataires, sous réserve des droits de courtiers et de leur » intervention dans la mesure prescrite par la loi.

» Opérations de factage, camionnage et gabarrage extérieur.

» Assurance de marchandises, au moyen soit de polices collectives, soit de polices spéciales, suivant les ordres des » intéressés, et toutes opérations ayant pour objet de faciliter les rapports du commerce et de la navigation avec » l'établissement. Ces divers services seront payés par le commerce conformément au tarif spécial. » (Voir page 38.)

ARTICLE 35

Refus d'acquitter les droits reclamés par la compagnie. Compte courant de frais, soumissions

Les marchandises déposées dans le Dock pourront être retenues par la Compagnie en garantie de frais de magasinage, de manutention ou autres dus à la Compagnie, et que le propriétaire aurait refusé d'acquitter. Toutefois, en cas de contestation sur le montant des frais réclamés par la Compagnie, et jusqu'à ce qu'elle se soit mise d'accord à l'amiable ou judiciairement avec le propriétaire de la marchandise, celui-ci pourra en disposer moyennant le dépôt de la somme réclamée fait par lui, sous toutes réserves, entre les mains de la Compagnie.

Seront considérées comme nulle toutes les réclamations au sujet des frais qui ne seront pas adressées par écrit à la Compagnie dans les huit jours de la remise des quittances.

Pour accélérer, dans l'intérêt du commerce, l'ensemble des opérations du Dock, qui peuvent être retardées ou interrompues par l'acquittement préalable exigé par la Compagnie, des frais encourus par la marchandise, la Compagnie ouvrira des comptes courants aux négociants qui feront le versement nécessaire à cet effet.

Dans ce cas, le commerce pourra disposer de ses marchandises sans qu'il y ait lieu d'attendre la liquidation des frais.

Les notes seront remises à domicile le lendemain des opérations, et le compte courant sera balancé à la fin de chaque mois.

La faculté d'enlever les marchandises, avant payement des droits dus à la Compagnie, sera également accordée à tout négociant qui souscrira une soumission de les acquitter dans les dix jours de la remise des liquidations à domicile, en engageant, comme garantie de ces droits, les marchandises à lui appartenant dans le Dock.

SECONDE PARTIE

TARIFS

TARIF DES MANUTENTIONS

CAS IMPRÉVUS, BULLETINS DE POIDS ET DROITS DE BUREAU

DÉSIGNATION DES MARCHANDISES	TARIF DES MANUTENTIONS PAR 100 KILOG.										Tarif de Magasinage par mois et par 100 kilog. — Tarif de la ville
	Débarquement et mise sous hangar	LIVRAISON SUR LE QUAI		Transport et mise en Entrepôt des Marchandises débarquées dans le Dock	Mise en Entrepôt des Marchandises débarquées en dehors du Dock	LIVRAISONS à la sortie DES MAGASINS		MANUTENTIONS EXTRA			
		avec pesage, mesurage ou comptage	sans pesage			avec pesage, mesurage ou comptage	sans pesage	Arrimage	Désarrimage	Pesage	
ACIDES en fûts	— 08	— 12	— 06	— 27	— 15	— 15	— 10	— 10	— 08	— 05	— 10
d° en jarres	— 12	— 20	— 10	— 30	— 15	— 15	— 12	— 10	— 08	— 05	
ACIER en fûts ou en caisses	— 08	— 12	— 06	— 20	— 10	— 10	— 07	— 07	— 06	— 05	— 10
d° en barres et en vrac	— 08	— 09	— 04	— 25	— 10	— 12	— 08	— 08	— 05	— 06	— 10
AGATE brute	— 08	— 10	— 05	— 19	— 08	— 09	— 05	— 06	— 04	— 04	— 05
d° ouvrée	— 20	— 50	— 25	— 60	— 30	— 50	— 30	— 25	— 20	— 20	— 40
AGARIC	— 11	— 20	— 10	— 35	— 20	— 25	— 20	— 15	— 10	— 08	— 25
AIGUILLES	— 20	— 50	— 25	— 60	— 30	— 50	— 30	— 25	— 20	— 20	1 —
ALBATRE en blocs	— 10	— 05	— 02	— 20	— 08	— 11	— 05	— 07	— 05	— 05	— 05
d° ouvré	— 20	— 50	— 25	— 60	— 30	— 50	— 30	— 25	— 20	— 20	— 50
ALIZARIS	— 10	— 16	— 08	— 30	— 15	— 15	— 10	— 12	— 07	— 06	— 20
ALOÈS	— 10	— 13	— 06	— 22	— 10	— 12	— 08	— 08	— 06	— 06	— 25
ALUN	— 09	— 10	— 05	— 20	— 10	— 11	— 07	— 07	— 05	— 05	— 10
AMANDES en balles et barils	— 10	— 18	— 09	— 30	— 15	— 15	— 10	— 12	— 08	— 07	en coques — 20 sans coques 15 —
AMBRE brut	— 11	— 20	— 10	— 35	— 20	— 30	— 20	— 15	— 10	— 08	1 — par 1,000 fr. de valeur.
d° ouvré	— 20	— 50	— 25	— 60	— 30	— 50	— 30	— 25	— 20	— 20	— 50
AMBRETTE	— 10	— 16	— 08	— 30	— 15	— 15	— 10	— 12	— 08	— 07	— 20
AMIDON	— 10	— 16	— 08	— 30	— 15	— 15	— 10	— 12	— 08	— 07	— 30
ANANAS	— 12	— 20	— 10	— 35	— 20	— 25	— 20	— 15	— 12	— 08	— 20
ANCRES	— 10	— 09	— 04	— 25	— 10	— 12	— 06	— 08	— 06	— 06	— 05

(1) Pour les Marchandises jouissant de la faculté de l'Entrepôt fictif, il est accordé au Commerce une bonification de 25 % sur les droits de *Magasinage* établis au présent tarif.

Pour les Marchandises libres (*Voir* le Tarif Spécial, page 41.)

DÉSIGNATION DES MARCHANDISES	TARIF DES MANUTENTIONS PAR 100 KILOG.										Tarif de Magasinage par mois et par 100 kilog. — Tarif de la ville
	Débarquement et mise sous hangar	LIVRAISON SUR LE QUAI		Transport et mise en Entrepôt des Marchandises débarquées dans le Dock	Mise en Entrepôt des Marchandises débarquées en dehors du Dock	LIVRAISONS à la sortie DES MAGASINS		MANUTENTIONS EXTRA			
		avec pesage, mesurage ou comptage	sans pesage			avec pesage, mesurage ou comptage	sans pesage	Arrimage	Desarrimage	Pesage	
ANIS étoilé et ordinaire	— 10	— 18	— 09	— 30	— 15	— 16	— 10	— 12	— 07	— 06	Étoilé. — 40 Ordinaire. — 20
ANTIMOINE	— 08	— 10	— 05	— 19	— 08	— 09	— 05	— 06	— 04	— 05	— 10
ANSPECTS (de gré à gré)											la pièce — 02 1/2
ARACHIDES en sacs ou en fûts	— 09	— 12	— 06	— 22	— 10	— 15	— 12	— 07	— 05	— 05	— 10
d° en grenier (1)	— 12	— 16	— 08	— 22	— 10	— 15	— 12	— 07	— 05	— 05	
ARDOISES (2)	— 15	— 08	— 04	— 35	— 15	— —	— 10	— 10	— 07	— —	— 10
ARGENTERIE	— 50	— 50	— 25	— 60	— 30	— 50	— 30	— 25	— 20	— 20	par 1,000 fr. de valeur. — 50
ARGENT vif	— 10	— 18	— 09	— 32	— 20	— 20	— 15	— 16	— 10	— 10	— 35
ARMES	— 10	— 17	— 08	— 30	— 17	— 20	— 15	— 12	— 09	— 10	— 30
ARROW-ROOT	— 10	— 18	— 09	— 30	— 15	— 20	— 15	— 15	— 10	— 07	— 40
ARSENIC	— 09	— 15	— 07	— 20	— 10	— 12	— 07	— 07	— 05	— 05	— 15
ASPHALTE en colis	— 08	— 07	— 03	— 18	— 08	— 09	— 07	— 06	— 05	— 05	— 02 1/2
d° en grenier	— 12	— 10	— 04	— 22	— 10	— 11	— 06	— 08	— 06	— 06	
ASSA-FŒTIDA	— 11	— 20	— 10	— 35	— 20	— 30	— 20	— 15	— 10	— 08	— 40
AVELANEDES	— 10	— 18	— 09	— 35	— 20	— 30	— 20	— 15	— 10	— 08	— 10
AVIRONS (de gré à gré)											la pièce — 05
AZUR	— 10	— 18	— 09	— 30	— 15	— 15	— 10	— 12	— 07	— 06	— 15
BABLAH	— 10	— 16	— 08	— 22	— 10	— 12	— 08	— 10	— 07	— 06	— 10
BADIANES	— 10	— 18	— 09	— 30	— 15	— 16	— 10	— 12	— 07	— 06	— 15
BAMBOUS	— 14	— 17	— 08	— 30	— 17	— 20	— 10	— 12	— 09	— 10	— 30
BANANES	— 10	— 18	— 09	— 32	— 18	— 20	— 15	— 15	— 10	— 07	— 20
BAUMES du Pérou, copahu et tolu en fûts	— 10	— 20	— 10	— 30	— 15	— 20	— 15	— 12	— 08	— 08	— 60
d° en canastres ou jarres	— 20	— 30	— 15	— 50	— 30	— 35	— 20	— 25	— 15	— 20	
BENJOIN	— 11	— 20	— 10	— 45	— 30	— 30	— 20	— 15	— 10	— 08	— 40
BEURRE	— 09	— 12	— 06	— 22	— 10	— 12	— 08	— 08	— 05	— 05	— 20
BIERE en fûts (3) (l'hectol.)	— 08	— 12	— 06	— 27	— 15	— 15	— 15	— 10	— 08	— 06	l'hectolitre. — 20
d° en caisses	— 15	— 25	12 1/2	— 35	— 20	— 25	— 25	— 20	— 10	— 10	l'hectolitre. — 30

(1) Mise en sacs et mesurage compris ; à compter en plus la fermeture des sacs. (*Voir* Tarif de voilerie).
(2) Sans responsabilité de casse.
(3) Les prix pour les liquides en fûts sont calculés à l'hectolitre.

DÉSIGNATION DES MARCHANDISES	TARIF DES MANUTENTIONS PAR 100 KILOG. — Débarquement et mise sous hangar	Livraison sur le quai — avec pesage, mesurage ou comptage	Livraison sur le quai — sans pesage	Transport et mise en Entrepôt des Marchandises débarquées dans le Dock	Mise en Entrepôt des Marchandises débarquées en dehors du Dock	Livraisons à la sortie des magasins — avec pesage, mesurage ou comptage	Livraisons à la sortie des magasins — sans pesage	Manutentions extra — Arrimage	Manutentions extra — Désarrimage	Manutentions extra — Pesage	Tarif de Magasinage par mois et par 100 kilog. — Tarif de la ville
BIJOUTERIE fausse	— 20	— 50	— 25	— 60	— 30	— 50	— 30	— 25	— 20	— 20	1 — par 1,000 fr. de valeur
d° fine	— 20	— 50	— 25	— 60	— 30	— 50	— 30	— 25	— 20	— 20	— 50
BIMBELOTERIE	— 15	— 25	— 12	— 40	— 20	— 25	— 20	— 15	— 10	— 15	— 40
BISCUITS de mer	— 10	— 18	— 09	— 32	— 18	— 18	— 12	— 12	— 10	— 07	— 10
BISMUTH	— 10	— 12	— 06	— 20	— 10	— 12	— 07	— 07	— 05	— 05	— 20
BLANC de baleine	— 10	— 16	— 08	— 30	— 16	— 20	— 15	— 15	— 10	— 07	— 40
d° de zinc et de plomb	— 08	— 12	— 06	— 20	— 10	— 11	— 07	— 07	— 05	— 05	— 30
d° d'Espagne	— 08	— 09	— 04	— 20	— 10	— 11	— 07	— 07	— 05	— 05	— 20
BLÉ en sacs	— 10	— 12	— 06	— 21	— 10	— 09	— 05	— 06	— 04	— 04	— 05
d° en grenier (1) et laissé en grenier	— 15	— 05	— 03	— 19	— 08	— 15	avec mesurage — 08	— 06	— 04	— 04	
BLEU de Prusse	— 12	— 18	— 09	— 50	— 30	— 35	— 20	— 25	— 15	— 20	— 30
BŒUF salé en colis	— 09	— 12	— 06	— 22	— 10	— 12	— 08	— 08	— 06	— 06	— 15
BOIS d'ébénisterie (2)	— 09	— 11	— 05	— 20	— 11	— 09	— —	— 07	— 05	— 06	
d° de teinture en bûches	— 09	— 09	— 04	— 20	— 09	— 08	— 04	— 06	— 03	— 05	à couvert — 10
d° de Fustet, Nicaragua, Brésil, etc. et autres menus bois	— 10	— 12	— 06	— 22	— 10	— 12	— 07	— 08	— 05	— 06	à découvert — 02 ¹/₂
d° de construction	— 09	— 08	— 04	— 19	— 08	— 09	— 04	— 07	— 03	— 06	
BOMBES et boulets	— 08	— 09	— 04	— 25	— 10	— 12	— 08	— 08	— 06	— 06	— 10
BORAX	— 10	— 12	— 06	— 30	— 15	— 15	— 10	— 12	— 07	— 06	— 15
BOUCHONS de liège	— 12	— 20	— 10	— 35	— 20	— 30	— 20	— 15	— 10	— 08	— 50
BOUGIES	— 12	— 16	— 08	— 30	— 16	— 20	— 15	— 15	— 10	— 07	— 50
BOURRE de soie, balles pressées	— 12	— 18	— 09	— 21	— 10	— 12	— 08	— 08	— 05	— 05	— 50
d° non pressées	— 12	— 22	— 11	— 25	— 12	— 14	— 09	— 09	— 06	— 06	
BOUTEILLES vides en grenier (sans responsabilité de casse)	— 15	— 20	— 10	— 45	— 25	— —	— 15	— 20	— 10	— 10	le 100 en nombre — 20
BRAI	— 07	— 09	— 04	— 18	— 08	— 09	— 05	— 06	— 04	— 05	à couvert — 10 à découvert — 05
BROME	— 09	— 12	— 06	— 20	— 10	— 12	— 08	— 07	— 05	— 05	— 30

(1) Mise en sacs et mesurage compris au débarquement et à la sortie des magasins.
(2) Compris le marquage et le numérotage au débarquement, s'il y a lieu, plus 20 % sur les frais de transport, si le navire ne décharge pas au quai au bois, par suite du refus du Capitaine de s'y rendre.

DÉSIGNATION DES MARCHANDISES	TARIF DES MANUTENTIONS PAR 100 KILOG.										Tarif de Magasinage par mois et par 100 kilog. — Tarif de la ville
	Débarquement et mise sous hangar	LIVRAISON SUR LE QUAI		Transport et mise en Entrepôt des Marchandises débarquées dans le Dock	Mise en Entrepôt des Marchandises débarquées en dehors du Dock	LIVRAISONS à la sortie DES MAGASINS		MANUTENTIONS EXTRA			
		avec pesage, mesurage ou comptage	sans pesage			avec pesage, mesurage ou comptage	sans pesage	Arrimage	Désarrimage	Pesage	
BROU (écorce de noix)	— 10	— 18	— 09	— 30	— 15	— 15	— 10	— 12	— 07	— 06	— 15
CACAO en sacs et en fûts	— 10	— 14	— 07	— 22	— 10	— 12	— 08	— 07	— 04	— 05	— 15
CACHEMIRES	— 20	— 50	— 25	— 60	— 30	— 50	— 30	— 25	— 20	— 20	1 50
CABLES de chanvre	— 10	— 09	— 04	— 22	— 10	— 12	— 08	— 08	— 06	— 06	— 15
CACHOU (1)	— 08	— 11	— 05	— 20	— 09	— 12	— 08	— 08	— 05	— 05	— 15
CAFÉ en sacs et en fûts	— 10	— 16	— 08	— 24	— 12	— 12	— 08	— 08	— 05	— 06	— 15
CALAGUALA	— 10	— 20	— 10	— 35	— 20	— 30	— 20	— 15	— 10	— 08	— 30
CAMPHRE brut et raffiné	— 10	— 16	— 08	— 35	— 20	— 25	— 20	— 15	— 10	— 08	brut — 40 / raffiné — 50
CANNELLE	— 11	— 20	— 10	— 35	— 20	— 30	— 20	— 15	— 10	— 08	— 60
CANONS	— 08	— 09	— 04	— 25	— 10	— 12	— 08	— 08	— 06	— 06	— 05
CANTHARIDES	— 11	— 20	— 10	— 35	— 20	— 30	— 20	— 15	— 10	— 08	— 60
CAOUTCHOUC en colis (décollage en plus en grenier)	— 09	— 10	— 05	— 20	— 09	— 08	— 05	— 07	— 04	— 05	— 35
CARBONATES	— 09	— 12	— 06	— 20	— 10	— 12	— 07	— 07	— 05	— 05	— 30
CARDAMONES	— 11	— 20	— 10	— 35	— 20	— 30	— 20	— 15	— 10	— 08	— 40
CARTHAME	— 12	— 13	— 06	— 22	— 10	— 12	— 08	— 08	— 06	— 06	— 20
CARMIN	— 20	— 35	— 15	— 50	— 30	— 35	— 20	— 25	— 15	— 20	— 25
CARILLONS et horlogerie	— 20	— 50	— 25	— 60	— 30	— 50	— 30	— 25	— 20	— 20	1 50
CASCARILLE	— 11	— 20	— 10	— 35	— 20	— 30	— 20	— 15	— 10	— 08	— 30
CASSE	— 11	— 20	— 10	— 35	— 20	— 25	— 15	— 15	— 10	— 08	— 25
CASSIA LIGNEA	— 11	— 20	— 10	— 35	— 20	— 30	— 20	— 15	— 10	— 08	— 30
CÉRUSE	— 08	— 12	— 06	— 20	— 10	— 11	— 07	— 07	— 05	— 05	— 06
CÉVADILLE	— 10	— 18	— 09	— 30	— 15	— 20	— 15	— 12	— 07	— 06	— 20
CHAINES en fer	— 10	— 09	— 04	— 25	— 10	— 12	— 08	— 08	— 06	— 06	à couvert — 04 / à decouvert — 02 1/2
CHANDELLES de suif	— 10	— 14	— 07	— 25	— 15	— 15	— 12	— 12	— 07	— 06	— 20
d° stéariques	— 12	— 16	— 08	— 25	— 15	— 15	— 12	— 12	— 07	— 06	— 30
CHANVRES pressés	— 10	— 12	— 06	— 20	— 09	— 11	— 07	— 08	— 05	— 05	— 07 1/2

(1) En plus le décollage au débarquement.

DÉSIGNATION DES MARCHANDISES	TARIF DES MANUTENTIONS PAR 100 KILOG.										Tarif de Magasinage par mois et par 100 kilog. — Tarif de la ville
	Débarquement et mise sous hangar	LIVRAISON SUR LE QUAI		Transport et mise en Entrepôt des Marchandises débarquées dans le Dock	Mise en Entrepôt des Marchandises débarquées en dehors du Dock	LIVRAISONS à la sortie DES MAGASINS		MANUTENTIONS EXTRA			
		avec pesage, mesurage ou comptage	sans pesage			avec pesage, mesurage ou comptage	sans pesage	Arrimage	Desarrimage	Pesage	
CHANVRES non pressés ou en grenier..	— 15	— 25	— 13	— 35	— 20	— 20	— 09	— 15	— 08	— 09	— 15
CHAPEAUX de paille	— 11	— 20	— 10	— 35	— 20	— 30	— 20	— 15	— 10	— 08	1 50
CHALES et CRÊPES de Chine	— 20	— 50	— 25	— 60	— 30	— 50	— 30	— 25	— 20	— 20	1 50
CHIFFONS en colis	— 09	— 12	— 06	— 20	— 10	— 12	— 07	— 07	— 05	— 05	— 15
CHROMATE de fer en fûts	— 08	— 06	— 03	— 17	— 07	— 09	— 05	— 06	— 05	— 05	— 06
CHROMATE de potasse	— 08	— 10	— 05	— 19	— 08	— 09	— 06	— 06	— 05	— 05	— 25
CIGARES en boîte (les 1000 en nombre)	— 15	— 30	— 15	— 25	— 15	— 20	— 15	— 15	— 10	— 15	2 —
d° en caisse	— 20	— 35	— 15	— 40	— 20	— 30	— 20	— 25	— 15	— 20	
CIMENT en colis	— 07	— 09	— 04	— 19	— 08	— 09	— 05	— 06	— 04	— 05	— 10
CIRE animale en colis	— 12	— 16	— 08	— 24	— 12	— 14	— 10	— 08	— 06	— 06	— 25
CITRONS	— 10	— 15	— 06	— 28	— 15	— 15	— 10	— 12	— 06	— 06	— 20
CLOUS	— 08	— 08	— 04	— 20	— 10	— 10	— 07	— 07	— 06	— 05	— 05
COBALT	— 09	— 12	— 06	— 20	— 10	— 12	— 07	— 07	— 05	— 05	— 15
COCHENILLE en sacs et en surons	— 11	— 20	— 10	— 35	— 20	— 30	— 20	— 15	— 10	— 08	1 —
COCONS de soie	— 20	— 50	— 25	— 60	— 30	— 50	— 30	— 25	— 20	— 20	— 60
COCOS en colis	— 08	— 10	— 05	— 20	— 09	— 10	— 07	— 07	— 05	— 05	— 60
COCOS (grands) en vrac	— 10	— 15	— 07	— 40	— 15	— 15	— 10	— 10	— 06	— 06	— 60
d° (petits) en vrac (le 1000 en nomb.)	— 25	— 35	— 15	— 35	— 20	— 30	sans comptage — 10	— 20	— 20	comptage — 15	— 20
COLLE de poisson	— 11	— 20	— 10	— 35	— 20	— 20	— 10	— 12	— 09	— 10	1 —
COLLE-FORTE	— 10	— 17	— 08	— 30	— 15	— 15	— 10	— 10	— 08	— 07	— 20
CONFITURES	— 12	— 20	— 10	— 36	— 21	— 23	— 17	— 17	— 12	— 08	— 40
CONSERVES alimentaires	— 10	— 18	— 09	— 32	— 18	— 20	— 15	— 15	— 10	— 07	marinées — 15 confites — 40
COQUES du Levant	— 10	— 18	— 09	— 30	— 15	— 15	— 10	— 12	— 07	— 06	— 20
COQUILLAGES ordinaires	— 10	— 17	— 08	— 30	— 15	— 19	— 10	— 12	— 09	— 10	— 20
d° pour collection	— 50	— 50	— 25	— 50	— 30	— 35	— 25	— 20	— 15	— 15	1 50
CORDAGES neufs	— 10	— 09	— 04	— 22	— 10	— 12	— 08	— 08	— 06	— 06	— 15
d° vieux, en vrac	— 15	— 16	— 08	— 30	— 13	— 12	— 08	— 10	— 08	— 08	— 15

DÉSIGNATION DES MARCHANDISES	TARIF DES MANUTENTIONS PAR 100 KILOG.										Tarif de Magasinage par mois et par 100 kilog. — Tarif de la ville
	Débarquement et mise sous hangar	LIVRAISON SUR LE QUAI		Transport et mise en Entrepôt des Marchandises débarquées dans le Dock	Mise en Entrepôt des Marchandises débarquées en dehors du Dock	LIVRAISONS à la sortie DES MAGASINS		MANUTENTIONS EXTRA			
		avec pesage, mesurage ou comptage	sans pesage			avec pesage, mesurage ou comptage	sans pesage	Arrimage	Désarrimage	Pesage	
CORAIL brut ou ouvré	— 20	— 50	— 25	— 60	— 30	— 50	— 30	— 25	— 20	— 20	— 40
CORIANDRE	— 10	— 18	— 09	— 30	— 15	— 16	— 10	— 12	— 07	— 06	— 50
CORNES de bœuf en vrac (1)	— 15	— 20	— 10	— 40	— 15	— 20	sans compt. — 12	— 10	— 06	— 08	— 10
d° de buffle id	— 10	— 15	— 07	— 40	— 15	— 15	sans compt. — 10	— 10	— 06	— 06	— 20
COROZOS en colis	— 08	— 10	— 05	— 20	— 09	— 10	— 07	— 07	— 05	— 05	— 20
COTONS pressés	— 09	— 11	— 06	— 19	— 08	— 10	— 06	— 07	— 04	— 05	— 15
COTONS non pressés	— 14	— 20	— 09	— 27	— 13	— 14	— 09	— 10	— 06	— 06	— 20
COUPEROSE	— 09	— 10	— 05	— 20	— 08	— 11	— 07	— 07	— 05	— 05	— 10
CRIBLES	— 08	— 15	— 07	— 25	— 15	— 15	— 10	— 10	— 07	— 06	— 30
CRINS pressés en balles, ballotins ou surons	— 11	— 16	— 08	— 20	— 10	— 11	— 08	— 08	— 05	— 05	— 20
d° non pressés	— 13	— 18	— 09	— 25	— 12	— 15	— 10	— 10	— 06	— 07	— 30
CUBÈBES	— 10	— 18	— 09	— 35	— 20	— 30	— 20	— 15	— 10	— 08	— 40
CUIRS non dénommés en colis	— 10	— 12	— 06	— 19	— 12	— 10	— 06	— 07	— 06	— 06	— 20
d° salés de cheval en vrac (2)	— 11	— 15	— 08	— 26	— 12	— 14	— 08	— 08	— 07	— 07	— 25
d° d° de bœuf en vrac	— 10	— 11	— 06	— 20	— 08	— 12	— 07	— 07	— 06	— 06	— 25
CUIRS secs de cheval en vrac	— 12	— 20	— 10	— 45	— 20	— 22	— 12	— 14	— 10	— 10	— 20
d° d° de bœuf en vrac	— 12	— 18	— 09	— 36	— 20	— 22	— 09	— 12	— 09	— 12	— 20
CUIVRE en lingots	— 07	— 07	— 03	— 16	— 05	— 07	— 03	— 04	— 03	— 04	— 05
d° en planches	— 08	— 08	— 04	— 19	— 08	— 10	— 05	— 07	— 05	— 05	— 07 1/2
d° vieux ou neuf, en fûts	— 07	— 08	— 04	— 19	— 08	— 10	— 08	— 07	— 06	— 05	— 10
d° ouvré, en vrac ou en colis	— 10	— 12	— 06	— 30	— 17	— 19	— 10	— 12	— 09	— 09	— 10
CURCUMA	— 12	— 13	— 06	— 22	— 10	— 12	— 08	— 08	— 06	— 06	— 15
DAMES-JEANNES de 10 à 15 litres (le 100 en nombre)	2 —	1 50	— 75	3 50	1 50	1 50	1 50	1 50	1 —	— —	le 100 en nombre 1 20
DAMES-JEANNES de 16 à 25 litres	3 —	2 —	1 —	5 —	2 —	2 —	2 —	2 —	1 20	— —	
DATTES	— 12	— 20	— 10	— 35	— 20	— 23	— 17	— 17	— 12	— 08	— 20
DÉGRAS	— 09	— 13	— 06	— 22	— 10	— 12	— 08	— 08	— 05	— 05	— 20

(1) Compris le comptage et pesage moyen au débarquement ; en plus les mannes. — La Compagnie ne répond du compte que sous la réserve d'une différence de 1 % pour les cornes de buffle et de 2 % pour les cornes de bœuf.

(2) En plus pour secouage et pliage des cuirs salés par 100 kilos ; — Secouage 0.14 ; — Pliage 0.10.

DÉSIGNATION DES MARCHANDISES	TARIF DES MANUTENTIONS PAR 100 KILOG.										Tarif de Magasinage par mois et par 100 kilog. — Tarif de la ville
	Débarquement et mise sous hangar	LIVRAISON SUR LE QUAI		Transport et mise en Entrepôt des Marchandises débarquées dans le Dock	Mise en Entrepôt des Marchandises débarquées en dehors du Dock	LIVRAISONS à la sortie DES MAGASINS		MANUTENTIONS EXTRA			
		avec pesage, mesurage ou comptage	sans pesage			avec pesage, mesurage ou comptage	sans pesage	Arrimage	Desarrimage	Posage	
DENTS d'éléphant en colis	— 10	— 15	— 07	— 30	— 15	— 20	— 10	— 10	— 06	— 06	— 50
d° en grenier	— 11	— 20	— 10	— 40	— 20	— 20	— 10	— 12	— 09	— 10	
DENTELLES	— 20	— 50	— 25	— 60	— 30	— 50	— 30	— 25	— 20	— 20	3 —
DRAPS	— 12	— 24	— 12	— 40	— 20	— 24	— 20	— 16	— 16	— 10	1 —
DOUVELLES (le 1000 en nombre)	4 —	avec compt. 2 30	1 50	5 50	3 05	avec compt. 1 —	1 —	2 —	1 —	— —	le 100 en nombre — 80
DUVET	— 11	— 20	— 10	— 35	— 20	— 30	— 20	— 15	— 10	— 08	— 50
EAUX-DE-VIE en fûts (l'hectol.)	— 08	— 12	— 06	— 27	— 15	— 15	— 15	— 10	— 08	— 06	l'hectolitre. — 30
d° en caisses	— 15	— 20	— 10	— 35	— 20	— 25	— 25	— 20	— 10	— 10	l'hectolitre. — 50
EAUX médicales en fûts (l'hectol.)	— 08	— 12	— 06	— 27	— 15	— 15	— 15	— 10	— 08	— 06	l'hectolitre. — 15
d° en caisses	— 15	— 20	— 10	— 35	— 20	— 25	— 25	— 20	— 10	— 10	l'hectolitre. — 15
ÉCAILLES	— 20	— 50	— 25	— 60	— 30	— 50	— 30	— 25	— 20	— 20	1 —
ÉCORCES en colis	— 10	— 14	— 07	— 30	— 15	— 15	— 10	— 12	— 07	— 06	— 30
d° en grenier	— 12	— 16	— 08	— 30	— 15	— 15	— 10	— 12	— 07	— 06	— 30
ÉDREDON	— 11	— 20	— 10	— 35	— 20	— 30	— 20	— 15	— 10	— 08	2 —
EFFETS à usage	— 11	— 20	— 10	— 35	— 20	— 30	— 20	— 15	— 10	— 08	— 60
ÉMERI en pierres	— 08	— 07	— 03	— 18	— 08	— 11	— 07	— 07	— 05	— 05	— 10
ENCENS ou oliban	— 11	— 20	— 10	— 35	— 20	— 30	— 20	— 15	— 10	— 08	— 15
ENCRE de Chine	— 20	— 35	— 15	— 50	— 30	— 35	— 20	— 25	— 15	— 20	2 —
d° à écrire	— 10	— 18	— 09	— 30	— 15	— 15	— 10	— 12	— 07	— 06	— 20
ÉPONGES	— 11	— 20	— 10	— 25	— 12	— 30	— 20	— 15	— 10	— 08	1 —
ESPRITS en fûts (l'hectol.)	— 08	— 12	— 06	— 27	— 15	— 15	— 15	— 10	— 08	— 06	l'hectolitre. — 40
d° en caisses	— 15	— 20	— 10	— 35	— 20	— 25	— 25	— 20	— 10	— 10	l'hectolitre. — 50
ESSENCES de térébenthine et autres pour la peinture	— 08	— 12	— 06	— 27	— 15	— 15	— 15	— 10	— 08	— 06	— 20
ESSENCES et huiles essentielles non dénommées pour médec. et parfum.	— 20	— 35	— 15	— 50	— 30	— 35	— 20	— 25	— 15	— 20	5 —
ÉTAIN en saumons et lingots	— 07	— 07	— 03	— 16	— 05	— 07	— 03	— 04	— 03	— 04	— 05

DÉSIGNATION DES MARCHANDISES	TARIF DES MANUTENTIONS PAR 100 KILOG.										Tarif de Magasinage par mois et par 100 kilog. — Tarif de la ville
	Débarquement et mise sous hangar	LIVRAISON SUR LE QUAI		Transport et mise en Entrepôt des Marchandises débarquées dans le Dock	Mise en Entrepôt des Marchandises débarquées en dehors du Dock	LIVRAISONS à la sortie DES MAGASINS		MANUTENTIONS EXTRA			
		avec pesage, mesurage ou comptage	sans pesage			avec pesage, mesurage ou comptage	sans pesage	Arrimage	Désarrimage	Pesage	
FANONS (1)	— 10	— 17	— 08	— 30	— 17	— 19	— 10	— 12	— 09	— 10	— 20
FARINE en colis	— 08	— 12	— 05	— 18	— 07	— 09	— 05	— 06	— 04	— 04	— 10
FAUX	— —	— —	— —	— —	— —	— —	— —	— —	— —	— —	— 15
FER-BLANC et ferraille en colis et en vrac	— 10	— 09	— 04	— 20	— 10	— 12	— 08	— 08	— 06	— 05	— 20
FEUILLES de laurier et autres feuilles et fleurs médicinales	— 11	— 20	— 10	— 35	— 20	— 30	— 20	— 15	— 10	— 08	— 30
FEUILLES de latanier	— 16	— 22	— 11	— 30	— 15	— 20	— 15	— 12	— 08	— 10	— 30
FÈVES médicinales	— 11	— 20	— 10	— 35	— 20	— 30	— 20	— 15	— 10	— 08	1 —
FIGUES sèches	— 10	— 18	— 09	— 32	— 18	— 20	— 15	— 15	— 10	— 07	— 20
FER en barres (2)	— 07	— 08	— 04	— 19	— 08	— 10	— 05	— 07	— 05	— 05	— 05
d° en masse	— 06	— 05	— 02	— 15	— 05	— 07	— 03	— 04	— 03	— 04	— 02 $^1/_2$
FILS de chanvre	— 12	— 24	— 12	— 30	— 15	— 20	— 15	— 12	— 10	— 10	— 15
d° de lin	— 12	— 24	— 12	— 30	— 15	— 20	— 15	— 12	— 10	— 10	— 30
FILS de laine et coton	— 12	— 24	— 12	— 30	— 15	— 20	— 15	— 12	— 10	— 10	1 —
d° de soie	— 20	— 50	— 25	— 60	— 30	— 50	— 30	— 25	— 20	— 20	1 50
FIL DE FER et de cuivre en fûts	— 08	— 12	— 06	— 20	— 10	— 10	— 07	— 06	— 06	— 05	— 15
d° en vrac	— 10	— 09	— 04	— 22	— 10	— 13	— 08	— 07	— 06	— 05	— 15
FONTE en gueuses	— 06	— 05	— 02	— 15	— 05	— 06	— 03	— 04	— 03	— 04	— 02 $^1/_2$
d° ouvrée en vrac	— 10	— 09	— 04	— 25	— 10	— 12	— 08	— 08	— 06	— 06	— 05
d° d° en colis	— 08	— 10	— 05	— 20	— 10	— 12	— 08	— 08	— 05	— 05	— 10
FROMAGES en caisses ou en fûts	— 10	— 12	— 06	— 22	— 10	— 12	— 08	— 08	— 06	— 06	— 15
d° en grènier	— 12	— 14	— 07	— 30	— 15	— 18	— 12	— 15	— 10	— 10	— 15
FRUITS de table non dénommés en colis	— 12	— 20	— 10	— 35	— 20	— 23	— 17	— 17	— 12	— 08	— 20
FUTAILLES vides (les 100 litres)	— 07	— 07	— 03	— 20	— 09	— 10	— 10	— 08	— 06	— 05	les 100 litres — 20
GALIPOT	— 08	— 10	— 05	— 19	— 08	— 10	— 07	— 07	— 05	— 05	— 10

(1) Ouverture des paquets en sus (*Voir* le Tarif de Voilerie).
(2) En plus, les lotissements autres que ceux exigés par la Douane sur le quai ou en magasin.

DÉSIGNATION DES MARCHANDISES	TARIF DES MANUTENTIONS PAR 100 KILOG. — Débarquement et mise sous hangar	LIVRAISON SUR LE QUAI — avec pesage, mesurage ou comptage	LIVRAISON SUR LE QUAI — sans pesage	Transport et mise en Entrepôt des Marchandises débarquées dans le Dock	Mise en Entrepôt des Marchandises débarquées en dehors du Dock	LIVRAISONS à la sortie DES MAGASINS — avec pesage, mesurage ou comptage	LIVRAISONS à la sortie DES MAGASINS — sans pesage	MANUTENTIONS EXTRA — Arrimage	MANUTENTIONS EXTRA — Désarrimage	MANUTENTIONS EXTRA — Pesage	Tarif de Magasinage par mois et par 100 kilog. — Tarif de la ville
GARANCE en racine	— 10	— 16	— 08	— 30	— 15	— 15	— 10	— 12	— 07	— 06	— 20
d° en poudre	— 12	— 13	— 06	— 22	— 10	— 12	— 08	— 08	— 06	— 06	— 15
GENTIANE	— 11	— 20	— 10	— 35	— 20	— 30	— 20	— 15	— 10	— 08	— 20
GENIÈVRE en fûts (l'hectol.)	— 08	— 12	— 06	— 27	— 15	— 15	— 15	— 10	— 08	— 06	l'hectol. — 30
d° en caisses ou d.-jeannes	— 15	— 20	— 10	— 35	— 20	— 25	— 25	— 20	— 10	— 10	l'hectol. — 50
GINGEMBRE	— 12	— 13	— 06	— 25	— 12	— 15	— 10	— 10	— 07	— 06	— 20
GIROFLE	— 10	— 16	— 08	— 30	— 15	— 18	— 12	— 12	— 07	— 06	— 30
GOMME oliban	— 11	— 20	— 10	— 35	— 20	— 30	— 20	— 15	— 10	— 08	— 15
d° copale	— 10	— 13	— 06	— 22	— 10	— 15	— 10	— 10	— 07	— 06	— 25
d° laque	— 10	— 13	— 06	— 22	— 10	— 15	— 10	— 08	— 06	— 06	— 20
d° de Sénégal	— 10	— 13	— 06	— 22	— 10	— 12	— 08	— 07	— 04	— 05	— 15
d° élastique	— 10	— 13	— 06	— 22	— 10	— 12	— 08	— 08	— 05	— 05	— 35
GOUDRON	— 08	— 10	— 05	— 19	— 08	— 09	— 05	— 06	— 04	— 05	couvert — 10 à découvert — 05
GRAINS et graines légumineuses non dénommées, en grenier (1)	— 15	— 05	— 03	— 19	— 08	— 10	— 05	— 06	— 04	— 05	— 10
GRAINS en sacs	— 08	— 09	— 04	— 19	— 08	— 10	— 05	— 06	— 04	— 05	— 10
GRAINES OLÉAGINEUSES											
de lin, colza, moutarde, sésame et autres non dénommées — en grenier (1)	— 12	— 16	— 08	— 21	— 09	— 12	— 08	— 07	— 04	— 05	— 10
de lin, colza, moutarde, sésame et autres non dénommées — en colis	— 09	— 12	— 06	— 21	— 09	— 12	— 08	— 06	— 04	— 05	— 10
GRAVURES et dessins	— 20	— 50	— 25	— 60	— 30	— 50	— 30	— 25	— 20	— 20	1 50
GRAISSES non dénommées	— 08	— 12	— 06	— 21	— 09	— 12	— 08	— 08	— 05	— 05	— $12^1/_2$
GRIFFES de girofle	— 10	— 16	— 08	— 30	— 15	— 18	— 12	— 12	— 07	— 06	— 10
GUANO (2)	— 11	— 11	— 05	— 19	— 09	— 10	— 05	— 06	— 04	— 05	— 10
GUTTA-PERCHA	— 10	— 13	— 06	— 22	— 10	— 12	— 08	— 08	— 05	— 05	— 35
GUINÉES bleues	— 10	— 15	— 07	— 25	— 12	— 15	— 10	— 08	— 05	— 05	— 25
HORLOGERIE (commune) en colis	— 10	— 20	— 10	— 30	— 15	— 25	— 20	— 20	— 15	— 15	— 60
d° (pendules) d°	— 20	— 50	— 25	— 60	— 30	— 50	— 30	— 25	— 20	— 20	1 50

(1) Arrivant en grenier, mise en sacs et mesurage compris.

(2) En plus, la mise en sacs au compte du réclamateur 0,07 les 100 kilog. et la fermeture des sacs. (*Voir* le Tarif de voilerie).

DÉSIGNATION DES MARCHANDISES	TARIF DES MANUTENTIONS PAR 100 KILOG. — Débarquement et mise sous hangar	LIVRAISON SUR LE QUAI — avec pesage, mesurage ou comptage	LIVRAISON SUR LE QUAI — sans pesage	Transport et mise en Entrepôt des Marchandises débarquées dans le Dock	Mise en Entrepôt des Marchandises débarquées en dehors du Dock	LIVRAISONS à la sortie DES MAGASINS — avec pesage, mesurage ou comptage	LIVRAISONS à la sortie DES MAGASINS — sans pesage	MANUTENTIONS EXTRA — Arrimage	MANUTENTIONS EXTRA — Désarrimage	MANUTENTIONS EXTRA — Pesage	Tarif de Magasinage par mois et par 100 kilog. — Tarif de la ville
HOUBLON	— 12	— 16	— 08	— 24	— 12	— 15	— 10	— 08	— 06	— 06	— 20
HUILE d'olive et autres huiles fixes non dénommées — en fûts	— 08	— 12	— 06	— 27	— 15	— 15	— 15	— 10	— 08	— 06	— 25
HUILE d'olive et autres huiles fixes non dénommées — en dames-jeannes, cruches ou caisses	— 15	— 25	— 12	— 35	— 20	— 25	— 25	— 20	— 10	— 10	
HUILE de pétrole	— 08	— 10	— 05	— 18	— 10	— 10	— 06	— 10	— 06	— 04	— 20
HUILE de palme, de coco et autres concrètes en fûts	— 08	— 12	— 06	— 21	— 09	— 12	— 08	— 08	— 05	— 05	— 15
HUILE de baleine en fûts	— 08	— 12	— 06	— 22	— 10	— 15	— 10	— 10	— 08	— 06	— 15
HUILES volatiles et essentielles	— 20	— 35	— 13	— 50	— 30	— 35	— 20	— 25	— 15	— 20	5 —
INDIGO en caisses	— 10	— 15	— 08	— 45	— 30	— 40	— 30	— 20	— 15	— 10	— 50
d° en sacs ou surons	— 11	— 20	— 10	— 35	— 20	— 30	— 20	— 15	— 10	— 08	— 50
INSTRUMENTS aratoires	— 10	— 09	— 04	— 25	— 10	— 15	— 10	— 08	— 06	— 06	— 15
INSTRUMENTS de musique, de sciences et de marine	— 10	— 30	— 15	— 40	— 20	— 30	— 20	— 20	— 15	— 15	1 —
IPÉCACUANHA	— 11	— 20	— 10	— 35	— 20	— 30	— 20	— 15	— 10	— 08	— 50
IRIS	— 10	— 18	— 09	— 30	— 15	— 15	— 10	— 12	— 07	— 06	— 25
IVOIRE brut en grenier	— 11	— 20	— 10	— 40	— 20	— 20	— 10	— 12	— 09	— 10	— 50
JALAP	— 10	— 18	— 09	— 30	— 15	— 30	— 20	— 15	— 10	— 08	— 30
JAMBON et lard	— 09	— 12	— 06	— 22	— 10	— 12	— 08	— 08	— 06	— 06	— 15
JONCS	— 14	— 17	— 08	— 30	— 17	— 20	— 10	— 12	— 09	— 10	— 30
JOUETS d'enfants	— 15	— 25	— 12	— 40	— 20	— 25	— 20	— 15	— 10	— 15	— 40
JUS de citron en fûts	— 08	— 12	— 06	— 27	— 15	— 15	— 15	— 10	— 08	— 06	— 20
d° en caisses ou paniers	— 15	— 20	— 10	— 35	— 20	— 25	— 25	— 20	— 10	— 10	
JUS de réglisse en caisses	— 10	— 16	— 08	— 30	— 15	— 20	— 15	— 10	— 08	— 08	— 15
JUS et sirops de table	— 12	— 20	— 10	— 35	— 20	— 23	— 17	— 17	— 12	— 08	— 45
JUTE et PITRE en balles non pressées	— 13	— 18	— 09	— 30	— 15	— 15	— 10	— 10	— 06	— 07	— 15
d° pressées	— 10	— 12	— 06	— 20	— 09	— 11	— 07	— 08	— 05	— 05	— 07 1/2
LACK-DYE	— 10	— 15	— 07	— 40	— 25	— 30	— 20	— 15	— 12	— 10	— 35

DÉSIGNATION DES MARCHANDISES	TARIF DES MANUTENTIONS PAR 100 KILOG.										Tarif de Magasinage par mois et par 100 kilog. — Tarif de la ville
	Débarquement et mise sous hangar	LIVRAISON SUR LE QUAI		Transport et mise en Entrepôt des Marchandises débarquées dans le Dock	Mise en Entrepôt des Marchandises débarquées en dehors du Dock	LIVRAISONS à la sortie DES MAGASINS		MANUTENTIONS EXTRA			
		avec pesage, mesurage ou comptage	sans pesage			avec pesage, mesurage ou comptage	sans pesage	Arrimage	Desarrimage	Pesage	
LAINES en balles pressées	— 11	— 18	— 08	— 19	— 12	— 14	— 08	— 10	— 05	— 07	— 20
d° non pressées	— 12	— 22	— 09	— 26	— 14	— 16	— 09	— 11	— 08	— 08	— 30
LÉGUMES secs en grenier (1)	— 15	— 05	— 02	— 19	— 08	— 10	— 05	— 06	— 04	— 05	— 10
d° en sacs	— 08	— 09	— 04	— 19	— 08	— 10	— 05	— 06	— 04	— 05	— 10
LIBRAIRIE	— 10	— 30	— 15	— 35	— 20	— 25	— 20	— 15	— 10	— 10	— 50
LICHEN	— 13	— 18	— 09	— 35	— 20	— 20	— 15	— 12	— 08	— 07	— 25
LICOPODIUM	— 13	— 18	— 09	— 30	— 15	— 15	— 10	— 12	— 07	— 06	— 30
LIÉGES en planches ou en balles	— 12	— 16	— 08	— 30	— 16	— 20	— 15	— 12	— 08	— 07	— 40
LIN en balles pressées et non pressées	— 13	— 18	— 09	— 23	— 11	— 14	— 09	— 09	— 06	— 06	— 20
LINGE de table en fil ou coton	— 13	— 24	— 12	— 40	— 20	— 24	— 20	— 15	— 10	— 10	ouvré ou non — 75; damassé 1 50
LIQUIDES non dénommés en fûts (2)	— 08	— 12	— 06	— 27	— 15	— 15	— 15	— 10	— 08	— 06	Voir les prix portés à chaque espèce de liquide.
d° en caisses, dames-jeannes ou jarres	— 15	— 20	— 10	— 35	— 20	— 25	— 25	— 20	— 10	— 10	
LIMES	— 08	— 12	— 06	— 20	— 10	— 10	— 08	— 07	— 05	— 05	— 15
LITHARGE	— 08	— 12	— 06	— 20	— 10	— 11	— 07	— 07	— 05	— 05	— 06
MACHINES et mécaniques en vrac (3)	— 10	— 12	— 04	— 25	— 10	— 12	— 08	— 08	— 06	— 06	— 25
d° en colis	— 08	— 09	— 06	— 20	— 10	— 10	— 08	— 07	— 06	— 05	
MACIS	— 11	— 20	— 10	— 35	— 20	— 30	— 20	— 15	— 10	— 08	— 50
MAGNÉSIE	— 11	— 20	— 10	— 35	— 20	— 30	— 20	— 15	— 10	— 08	— 30
MAÏS en sacs	— 08	— 09	— 04	— 19	— 08	— 09	— 05	— 06	— 04	— 05	— 05
MANGANÈSE	— 08	— 10	— 05	— 19	— 08	— 09	— 05	— 06	— 04	— 05	— 06
MANIOC	— 11	— 15	— 07	— 30	— 15	— 20	— 15	— 15	— 10	— 07	— 20
MANNE	— 11	— 20	— 10	— 30	— 15	— 30	— 20	— 15	— 10	— 08	— 30
MARBRE en blocs	— 10	— 05	— 02	— 20	— 10	— —	— 03	— 10	— 03	— —	— 05
d° en tranches (4)	— 15	— 10	— 05	— 35	— 15	— —	— 10	— 10	— 07	— —	— 10
d° ouvré	— 15	— 25	— 12	— 30	— 15	— 15	— 10	— 10	— 07	— 06	— 15
MATS (de gré à gré)											Mâts, la pièce 3 —; Mâtereaux 1 50

(1) Arrivant en grenier, mise en sacs et mesurage compris.
(2) Les prix pour les liquides en fûts sont calculés à l'hectolitre.
(3) Les colis d'un poids indivis au-dessus de 1,500 kil. jusqu'à 3,000 kil. paieront double droit; au-dessus de 3,000 kil., on traitera de gré à gré.
(4) Sans responsabilité de casse.

DÉSIGNATION DES MARCHANDISES	TARIF DES MANUTENTIONS PAR 100 KILOG.										Tarif de Magasinage par mois et par 100 kilog. — Tarif de la ville
	Débarquement et mise sous hangar	LIVRAISON SUR LE QUAI		Transport et mise en Entrepôt des Marchandises débarquées dans le Dock	Mise en Entrepôt des Marchandises débarquées en dehors du Dock	LIVRAISONS à la sortie DES MAGASINS		MANUTENTIONS EXTRA			
		avec pesage, mesurage ou comptage	sans pesage			avec pesage, mesurage ou comptage	sans pesage	Arrimage	Désarrimage	Pesage	
MÉDICAMENTS composés	— 20	— 35	— 15	— 50	— 30	— 35	— 20	— 25	— 15	— 20	— 50
MÉLASSE	— 09	— 13	— 06	— 20	— 10	— 12	— 08	— 08	— 05	— 05	— 05
MERCERIE	— 20	— 50	— 25	— 50	— 25	— 50	— 30	— 20	— 15	— 15	— 40
MERCURE	— 10	— 18	— 09	— 30	— 15	— 20	— 15	— 16	— 10	— 10	— 35
MERRAINS du Nord (le 1000)	5 —	avec compt. 2 50	2 —	6 —	4 —	avec compt. 1 50	1 50	2 50	1 50	— —	le 1,000 — 80
MÉTAUX non dénommés en barres et en planches (1)	— 07	— 08	— 04	— 19	— 08	— 10	— 05	— 07	— 05	— 05	Voir les prix portés à chaque espèce
d° en saumons ou lingots	— 06	— 06	— 03	— 16	— 05	— 07	— 03	— 04	— 03	— 04	
d° en gueuses (fonte)	— 06	— 05	— 02	— 15	— 05	— 06	— 03	— 04	— 03	— 04	
d° en feuilles	— 08	— 08	— 04	— 19	— 08	— 10	— 05	— 07	— 05	— 05	
MEULES	— 10	— 10	— 05	— 20	— 10	— 10	— 06	— 08	— 06	— 06	— 20
MIEL	— 12	— 18	— 09	— 30	— 15	— 23	— 17	— 17	— 12	— 08	— 10
MINE de plomb	— 09	— 10	— 05	— 20	— 10	— 11	— 07	— 07	— 05	— 05	— 06
MINERAIS de fer, de cuivres et autres en fûts	— 08	— 06	— 03	— 18	— 08	— 09	— 05	— 06	— 04	— 05	— 05
d° en sacs	— 08	— 10	— 05	— 20	— 10	— 11	— 07	— 07	— 05	— 05	— 05
MINIUM	— 08	— 12	— 06	— 20	— 10	— 11	— 07	— 07	— 05	— 05	— 15
MORUE sèche en colis	— 09	— 12	— 06	— 22	— 10	— 12	— 08	— 08	— 06	— 06	— 20
MOUSSELINE	— —	— —	— —	— —	— —	— —	— —	— —	— —	— —	1 50
MUSC	— 30	— 50	— 25	— 50	— 30	— 35	— 20	— 25	— 15	— 20	Par 1,000 fr. de valeur — 50
MUSCADES	— 11	— 20	— 10	— 35	— 20	— 30	— 20	— 15	— 10	— 08	— 50
MYROBOLANS	— 10	— 20	— 10	— 35	— 20	— 30	— 20	— 15	— 10	— 08	— 25
MYRRHE	— 11	— 20	— 10	— 35	— 20	— 30	— 20	— 15	— 10	— 08	— 20
NACRE en colis	— 09	— 12	— 06	— 20	— 09	— 12	— 09	— 07	— 05	— 05	— 20
d° en grenier (2) et laissée en grenier	— 12	— 22	— 10	— 25	— 14	— 20	— 12	— 10	— 08	— 07	— 20
NANKIN	— 12	— 24	— 12	— 40	— 20	— 24	— 20	— 16	— 12	— 10	— 20

(1) En plus, les lotissements autres que ceux demandés par la Douane.
(2) En plus, les mannes au débarquement.

DÉSIGNATION DES MARCHANDISES	TARIF DES MANUTENTIONS PAR 100 KILOG.										Tarif de Magasinage par mois et par 100 kilog. — Tarif de la ville
	Débarquement et mise sous hangar	LIVRAISON SUR LE QUAI		Transport et mise en Entrepôt des Marchandises débarquées dans le Dock	Mise en Entrepôt des Marchandises débarquées en dehors du Dock	LIVRAISONS à la sortie DES MAGASINS		MANUTENTIONS EXTRA			
		avec pesage, mesurage ou comptage	sans pesage			avec pesage, mesurage ou comptage	sans pesage	Arrimage	Désarrimage	Pesage	
NATTES en balles ou paquets	— 10	— 17	— 08	— 30	— 15	— 20	— 10	— 12	— 09	— 10	— 20
NERPRUN	— 10	— 18	— 09	— 30	— 15	— 15	— 10	— 12	— 07	— 06	— 25
NITRATES de soude et de potasse	— 08	— 10	— 05	— 20	— 09	— 11	— 07	— 07	— 05	— 05	— 10
NOIR de fûmée et noir animal en colis	— 09	— 12	— 06	— 20	— 10	— 11	— 07	— 07	— 05	— 05	— 15
NOIX de galle	— 10	— 17	— 08	— 30	— 17	— 20	— 10	— 12	— 09	— 10	— 30
OBJETS d'art et de collection	— 30	— 50	— 25	1 —	— 50	— 50	— 30	— 25	— 20	— 20	1 —
OCRE en sacs ou en fûts	— 08	— 10	— 05	— 18	— 08	— 10	— 07	— 07	— 05	— 05	— 10
OIGNONS en gousses non dénommés	— 11	— 20	— 10	— 35	— 20	— 30	— 20	— 15	— 10	— 08	— 20
OLÉINE	— 08	— 12	— 06	— 21	— 10	— 12	— 08	— 08	— 05	— 05	— 15
OLIVES	— 12	— 20	— 10	— 35	— 20	— 23	— 17	— 17	— 12	— 08	— 20
ONGLONS de tortue en colis	— 08	— 15	— 07	— 35	— 15	— 15	— 10	— 08	— 06	— 05	— 30
d° de bétail en colis	— 08	— 10	— 05	— 20	— 10	— 12	— 08	— 08	— 06	— 05	— 15
d° d° en grenier (1)	— 12	— 10	— 04	— 35	— 1	— 15	— 10	— 12	— 08	— 08	— 20
OPIUM	— 11	— 20	— 10	— 35	— 20	— 30	— 20	— 15	— 10	— 08	— 50
OR et ARGENT, ouvré ou monnayé	1 —	1 —	— 50	1 50	— 75	1 —	1 —	— 75	— 50	— 50	Pour 1,000 fr. de valeur — 50
ORANGES en colis	— 10	— 15	— 06	— 28	— 15	— 18	— 13	— 12	— 06	— 06	— 25
ORANGETTES	— 10	— 15	— 06	— 28	— 15	— 18	— 13	— 12	— 06	— 06	— 25
OREILLONS et rognures de peaux en colis	— 11	— 16	— 08	— 20	— 10	— 11	— 08	— 08	— 05	— 05	— 20
ORGE perlé	— 10	— 18	— 09	— 32	— 18	— 20	— 15	— 15	— 10	— 07	— 20
ORSEILLE	— 12	— 16	— 08	— 24	— 12	— 20	— 15	— 12	— 08	— 07	— 30
OS de bétail en colis	— 08	— 10	— 05	— 20	— 10	— 12	— 08	— 08	— 06	— 05	— 15
d° en grenier (2)	— 12	— 12	— 04	— 36	— 15	— 16	— 10	— 12	— 08	— 09	— 20
OSIER	— 10	— 17	— 08	— 30	— 17	— 20	— 10	— 12	— 09	— 10	— 20
OUTILS	— 10	— 17	— 08	— 30	— 17	— 20	— 10	— 12	— 09	— 10	— 30
PALMA-CHRISTI en graines	— 09	— 12	— 06	— 21	— 09	— 12	— 08	— 07	— 05	— 05	— 30
PAPIER	— 10	— 20	— 10	— 30	— 15	— 15	— 10	— 10	— 08	— 06	— 40
PARFUMERIE	— 20	— 35	— 17	— 50	— 30	— 30	— 20	— 20	— 15	— 20	— 50

(1) En plus, les mannes au débarquement.
(2) *Idem.*

DÉSIGNATION DES MARCHANDISES	TARIF DES MANUTENTIONS PAR 100 KILOG.										Tarif de Magasinage par mois et par 100 kilog. — Tarif de la ville
	Débarquement et mise sous hangar	LIVRAISON SUR LE QUAI		Transport et mise en Entrepôt des Marchandises débarquées dans le Dock	Mise en Entrepôt des Marchandises débarquées en dehors du Dock	LIVRAISONS à la sortie DES MAGASINS		MANUTENTIONS EXTRA			
		avec pesage, mesurage ou comptage	sans pesage			avec pesage, mesurage ou comptage	sans pesage	Arrimage	Désarrimage	Pesage	
PASSEMENTERIE	— 20	— 50	— 25	— 50	— 30	— 50	— 30	— 25	— 20	— 20	— 60
PASTEL et peintures	— 10	— 20	— 10	— 30	— 15	— 15	— 10	— 10	— 08	— 06	— 30
PATES diverses	— 11	— 15	— 07	— 27	— 14	— 16	— 12	— 10	— 06	— 06	— 30
PATCHOULI	— 11	— 20	— 10	— 35	— 20	— 30	— 20	— 15	— 12	— 10	— 30
PEAUX de chien de mer	— 10	— 25	— 12	— 35	— 20	— 25	— 18	— 15	— 10	— 08	— 35
PEAUX de mouton en balles pressées	— 12	— 18	— 09	— 19	— 12	— 13	— 09	— 09	— 06	— 06	— 20
d° non pressées	— 12	— 22	— 11	— 25	— 12	— 14	— 09	— 09	— 06	— 06	— 30
PEAUX de chèvre, d'agneau et autres	— 12	— 20	— 10	— 25	— 12	— 16	— 10	— 09	— 06	— 06	— 60
PELLETERIES non dénommées, brutes	— 12	— 22	— 10	— 25	— 12	— 16	— 10	— 09	— 06	— 06	— 60
PELLETERIES non dénommées, ouvrées	— 14	— 25	— 12	— 30	— 15	— 20	— 15	— 10	— 08	— 06	1 50
PERLASSE	— 08	— 10	— 05	— 19	— 08	— 09	— 05	— 06	— 04	— 05	— 08
PHOSPHORE	— 20	— 30	— 15	— 50	— 30	— 40	— 30	— 25	— 20	— 20	1 —
PIERRES à aiguiser en colis	— 08	— 15	— 07	— 30	— 15	— 15	— 10	— 12	— 09	— 10	— 20
PIERRES lithographiques en colis	— 08	— 12	— 06	— 25	— 15	— 15	— 10	— 10	— 07	— 06	— 15
d° en vrac	— 15	— 10	— 05	— 30	— 15	— 20	— 15	— 12	— 08	— 07	
PIERRE PONCE	— 10	— 17	— 08	— 30	— 17	— 19	— 10	— 12	— 09	— 10	— 30
PIERRERIES fausses	— 10	— 20	— 10	— 30	— 17	— 20	— 10	— 12	— 09	— 10	— 25
PIMENT	— 10	— 14	— 07	— 22	— 10	— 12	— 08	— 07	— 04	— 05	— 15
PISTACHES	— 12	— 20	— 10	— 35	— 20	— 23	— 17	— 17	— 12	— 08	— 20
PLOMB en saumons	— 06	— 05	— 02	— 16	— 05	— 07	— 03	— 04	— 03	— 04	— 02½
d° en feuilles	— 08	— 08	— 04	— 19	— 08	— 10	— 05	— 07	— 05	— 05	— 04½
PLUMES d'autruche et de vautour	— 10	— 20	— 10	— 30	— 15	— 20	— 12	— 12	— 09	— 10	1 50
d° à lit et à écrire	— 11	— 20	— 10	— 35	— 20	— 25	— 18	— 15	— 10	— 08	— 50
d° de parure	— 20	— 50	— 25	— 60	— 30	— 50	— 30	— 25	— 20	— 20	1 50
POILS de vache, plocs, poils de porc en en colis pressés	— 11	— 16	— 08	— 21	— 10	— 11	— 08	— 08	— 05	— 05	— 20

DÉSIGNATION DES MARCHANDISES	TARIF DES MANUTENTIONS PAR 100 KILOG.										Tarif de Magasinage par mois et par 100 kilog. — Tarif de la ville
	Débarquement et mise sous hangar	LIVRAISON SUR LE QUAI		Transport et mise en Entrepôt des Marchandises débarquées dans le Dock	Mise en Entrepôt des Marchandises débarquées en dehors du Dock	LIVRAISONS à la sortie DES MAGASINS		MANUTENTIONS EXTRA			
		avec pesage, mesurage ou comptage	sans pesage			avec pesage, mesurage ou comptage	sans pesage	Arrimage	Désarrimage	Pesage	
POILS de vache, plocs, poils de porcs en colis non pressés	— 13	— 18	— 09	— 25	— 12	— 15	— 09	— 09	— 06	— 06	— 20
POILS de lièvre, de lapin de chèvre et de chameau	— 11	— 17	— 08	— 30	— 17	— 18	— 12	— 12	— 09	— 10	— 50
POISSONS secs salés, en colis	— 09	— 12	— 06	— 22	— 10	— 12	— 08	— 08	— 06	— 06	— 20
d° marinés	— 10	— 18	— 09	— 32	— 18	— 20	— 15	— 15	— 10	— 07	— 30
POIVRE	— 10	— 14	— 07	— 22	— 10	— 12	— 08	— 07	— 04	— 05	— 15
PORCELAINE en vrac	1 —	1 —	— 50	1 50	— 75	1 —	— 75	— 75	— 50	— 50	— 50
d° emballée	— 20	— 50	— 25	— 50	— 30	— 50	— 30	— 20	— 15	— 15	— 50
POTASSE	— 08	— 10	— 05	— 19	— 08	— 09	— 05	— 06	— 04	— 05	— 08
POTERIE fine en vrac	— 50	— 50	— 25	1 10	— 50	— 60	— 45	— 30	— 20	— 30	— 30
d° emballée	— 20	— 30	— 15	— 40	— 25	— 50	— 30	— 20	— 15	— 15	— 30
POTERIE commune en vrac	— 25	— 20	— 10	— 50	— 30	— 30	— 20	— 25	— 15	— 15	— 25
d° emballée	— 10	— 20	— 10	— 30	— 15	— 20	— 15	— 15	— 10	— 10	— 25
PRODUITS chimiques et pharmaceutiques non dénommés :											
en fûts ou en caisses	— 10	— 20	— 10	— 30	— 15	— 20	— 15	— 12	— 08	— 08	— 35
en jarres ou en pots	— 20	— 35	— 15	— 50	— 30	— 35	— 20	— 25	— 15	— 20	— 60
QUERCITRON en colis	— 09	— 11	— 05	— 19	— 08	— 09	— 05	— 06	— 04	— 05	— 10
QUINCAILLERIE grosse en vrac	— 10	— 09	— 04	— 25	— 10	— 12	— 08	— 08	— 06	— 06	— 15
d° en colis	— 08	— 11	— 05	— 20	— 10	— 10	— 08	— 07	— 06	— 05	— 15
QUINCAILLERIE fine, en colis	— 10	— 17	— 08	— 30	— 17	— 20	— 10	— 12	— 09	— 10	— 30
QUINQUINA	— 10	— 16	— 08	— 30	— 15	— 15	— 10	— 12	— 07	— 06	Rouge — 60 / Gris et autres — 30
RACINES de réglisse et autres non dénommées	— 12	— 16	— 08	— 24	— 12	— 14	— 10	— 08	— 06	— 06	— $22^{1}/_{2}$
RAISINS secs pour boissons, en fûts	— 08	— 09	— 04	— 19	— 08	— 09	— 05	— 06	— 04	— 04	— 20
d° de table, en caisses	— 10	— 18	— 09	— 32	— 18	— 20	— 15	— 15	— 10	— 07	— 20

DÉSIGNATION DES MARCHANDISES	TARIF DES MANUTENTIONS PAR 100 KILOG.										Tarif de Magasinage par mois et par 100 kilog. — Tarif de la ville
	Débarquement et mise sous hangar	LIVRAISON SUR LE QUAI		Transport et mise en Entrepôt des Marchandises débarquées dans le Dock	Mise en Entrepôt des Marchandises débarquées en dehors du Dock	LIVRAISONS à la sortie DES MAGASINS		MANUTENTIONS EXTRA			
		avec pesage, mesurage ou comptage	sans pesage			avec pesage, mesurage ou comptage	sans pesage	Arrimage	Désarrimage	Pesage	
RÉSINE	— 08	— 08	— 04	— 18	— 07	— 09	— 04	— 06	— 04	— 04	couvert — 10 à découvert — 05
RHUBARBE	— 11	— 20	— 10	— 35	— 20	— 30	— 20	— 15	— 10	— 08	— 50
RHUM en fûts (l'hectol.)	— 08	— 12	— 06	— 27	— 15	— 15	— 15	— 10	— 08	— 06	l'hectol. — 30
d° en caisses	— 15	— 25	— 12	— 35	— 20	— 25	— 25	— 20	— 10	— 10	l'hectol. — 50
RIZ en sacs ou en fûts	— 09	— 10	— 05	— 21	— 10	— 09	— 05	— 06	— 04	— 05	— 08
ROCOU	— 09	— 12	— 06	— 20	— 10	— 11	— 07	— 07	— 05	— 05	— 20
ROGNURES de cuir en balles pressées	— 11	— 16	— 08	— 20	— 10	— 11	— 08	— 08	— 05	— 05	— 20
ROTINS	— 14	— 17	— 08	— 30	— 17	— 20	— 10	— 12	— 09	— 10	— 30
RUBANS sur bobines	— 20	— 50	— 25	— 60	— 30	— 50	— 30	— 25	— 20	— 20	1 —
SACS vides	— 12	— 12	— 06	— 25	— 12	— 12	— 08	— 10	— 07	— 06	— 08
SAFRAN	— 11	— 20	— 10	— 30	— 18	— 20	— 15	— 12	— 08	— 06	1 20
SAFRANUM	— 12	— 13	— 06	— 22	— 10	— 12	— 08	— 08	— 06	— 06	— 20
SAGOU	— 11	— 17	— 08	— 30	— 15	— 18	— 13	— 12	— 08	— 07	— 30
SAINDOUX	— 08	— 10	— 05	— 19	— 08	— 10	— 05	— 06	— 04	— 05	— 12 1/2
SALAISONS non dénommées, en colis	— 09	— 12	— 06	— 22	— 10	— 12	— 08	— 08	— 06	— 06	— 15
SALPÊTRE	— 08	— 10	— 05	— 20	— 09	— 11	— 07	— 07	— 05	— 05	— 10
SALSEPAREILLE	— 12	— 16	— 08	— 24	— 12	— 14	— 10	— 08	— 06	— 06	— 60
SANDARAQUE	— 10	— 13	— 06	— 22	— 10	— 15	— 10	— 10	— 07	— 06	— 20
SANG-DRAGON	— 10	— 18	— 09	— 30	— 15	— 15	— 10	— 10	— 07	— 06	— 40
SAVON autre que pour la parfumerie	— 09	— 11	— 05	— 22	— 10	— 11	— 08	— 08	— 05	— 05	— 15
SCAMMONÉE	— 12	— 18	— 09	— 30	— 15	— 15	— 10	— 12	— 07	— 06	— 20
SEL de soude	— 08	— 10	— 05	— 19	— 09	— 10	— 06	— 06	— 04	— 05	— 15
SELS médicaux	— 10	— 16	— 08	— 30	— 15	— 15	— 10	— 10	— 07	— 06	— 35
SEMEN-CONTRA	— 10	— 18	— 09	— 30	— 15	— 15	— 10	— 10	— 07	— 06	— 40
SÉNÉ	— 11	— 20	— 10	— 35	— 20	— 30	— 20	— 15	— 10	— 08	— 30
SIMAROUBA	— 11	— 20	— 10	— 35	— 20	— 30	— 20	— 15	— 10	— 08	— 30
SIROPS de table, en caisses	— 12	— 20	— 10	— 35	— 20	— 23	— 17	— 17	— 12	— 08	— 45

DÉSIGNATION DES MARCHANDISES	TARIF DES MANUTENTIONS PAR 100 KILOG. — Débarquement et mise sous hangar	LIVRAISON SUR LE QUAI — avec pesage, mesurage ou comptage	LIVRAISON SUR LE QUAI — sans pesage	Transport et mise en Entrepôt des Marchandises débarquées dans le Dock	Mise en Entrepôt des Marchandises débarquées en dehors du Dock	LIVRAISONS à la sortie DES MAGASINS — avec pesage, mesurage, ou comptage	LIVRAISONS à la sortie DES MAGASINS — sans pesage	MANUTENTIONS EXTRA — Arrimage	MANUTENTIONS EXTRA — Désarrimage	MANUTENTIONS EXTRA — Pesage	Tarif de Magasinage par mois et par 100 kilog. — Tarif de la ville
SOIE moulinée	— 18	— 25	— 12	— 38	— 20	— 25	— 16	— 16	— 10	— 10	1 50
SOIE écrue ou grége	— 18	— 25	— 12	— 38	— 20	— 22	— 16	— 16	— 10	— 10	1 —
SOIE de porc, en colis	— 12	— 20	— 10	— 20	— 10	— 15	— 10	— 10	— 06	— 06	— 20
SOUDE en grenier	— 08	— 08	— 04	— 20	— 08	— 09	— 05	— 06	— 05	— 05	— 10
d° en colis	— 07	— 08	— 04	— 19	— 08	— 09	— 05	— 06	— 05	— 05	
SOUFRE brut, en grenier	— 08	— 08	— 04	— 20	— 09	— 10	— 05	— 06	— 05	— 05	— 20
d° en fûts	— 07	— 08	— 04	— 20	— 09	— 10	— 05	— 06	— 05	— 05	— 20
SPARTERIE	— 10	— 17	— 08	— 30	— 17	— 20	— 10	— 12	— 09	— 10	— 40
SPERMACÉTI	— 10	— 16	— 08	— 30	— 16	— 20	— 15	— 15	— 10	— 07	— 20
SUCRE raffiné, en colis	— 10	— 15	— 07	— 25	— 15	— 15	— 10	— 12	— 08	— 06	— 15
SUCRE brut, en barriques	— 08	— 09	— 04	— 17	— 07	— 08	— 06	— 06	— 04	— 04	— 10
d° en sacs	— 08	— 10	— 05	— 20	— 09	— 09	— 06	— 07	— 04	— 05	— 10
d° en caisses de Havane	— 08	— 09	— 05	— 21	— 08	— 09	— 06	— 07	— 04	— 04	— 10
d° en caisses du Brésil	— 12	— 14	— 07	— 24	— 12	— 15	— 08	— 10	— 07	— 07	— 10
SUIF en fûts ou en caisses	— 08	— 10	— 05	— 19	— 08	— 10	— 05	— 06	— 04	— 05	— 12 1/2
SULFATE de potasse et de soude	— 08	— 10	— 05	— 19	— 09	— 10	— 06	— 06	— 04	— 05	— 10
SUMAC	— 12	— 16	— 08	— 24	— 12	— 12	— 09	— 08	— 06	— 06	— 10
TABAC en fûts	— 09	— 12	— 06	— 20	— 09	— 10	— 07	— 07	— 04	— 05	en feuilles — 15
d° en balles pressées	— 11	— 18	— 08	— 21	— 10	— 12	— 08	— 08	— 05	— 05	fabriqués en carottes
d° en balles non pressées	— 12	— 22	— 11	— 25	— 12	— 14	— 09	— 09	— 06	— 06	— 75
TABLETTERIE	— 20	— 50	— 25	— 50	— 30	— 50	— 30	— 25	— 20	— 20	— 50
TABLEAUX	— 20	— 50	— 25	1 —	— 50	— 50	— 30	— 25	— 20	— 20	1 50
TAFIA en fûts (l'hectol.)	— 08	— 12	— 06	— 27	— 15	— 15	— 15	— 10	— 08	— 06	l'hectolitre — 25
d° en caisses	— 15	— 25	— 12	— 35	— 20	— 25	— 25	— 20	— 10	— 10	l'hectolitre — 50
TAMARIN	— 12	— 16	— 08	— 24	— 12	— 14	— 10	— 08	— 06	— 06	— 15
TANNINS	— 12	— 16	— 08	— 24	— 12	— 14	— 10	— 08	— 06	— 06	— 20
TAPIOCA	— 11	— 15	— 07	— 27	— 14	— 16	— 12	— 12	— 06	— 06	— 20

DÉSIGNATION DES MARCHANDISES	TARIF DES MANUTENTIONS PAR 100 KILOG. — Débarquement et mise sous hangar	LIVRAISON SUR LE QUAI — avec pesage, mesurage ou comptage	LIVRAISON SUR LE QUAI — sans pesage	Transport et mise en Entrepôt des Marchandises débarquées dans le Dock	Mise en Entrepôt des Marchandises débarquées en dehors du Dock	LIVRAISONS à la sortie DES MAGASINS — avec pesage, mesurage ou comptage	LIVRAISONS à la sortie DES MAGASINS — sans pesage	MANUTENTIONS EXTRA — Arrimage	MANUTENTIONS EXTRA — Désarrimage	MANUTENTIONS EXTRA — Pesage	Tarif de Magasinage par mois et par 100 kilog. — Tarif de la ville
TAPIS	— 12	— 24	— 12	— 40	— 20	— 24	— 20	— 16	— 16	— 10	1 —
THÉS	— 20	— 35	— 17	— 45	— 30	— 35	— 20	— 25	— 15	— 15	— 60
TISSUS de fil ou de coton	— 12	— 24	— 12	— 40	— 20	— 24	— 20	— 16	— 16	— 10	— 50
d° de laine	— 12	— 24	— 12	— 40	— 20	— 24	— 20	— 16	— 16	— 10	1 —
d° de soie	— 20	— 50	— 25	— 60	— 30	— 50	— 30	— 25	— 20	— 20	1 50
TOILES d'emballage et à voiles	— 12	— 12	— 06	— 25	— 12	— 12	— 08	— 10	— 07	— 06	— 30
TOLE brute (1)	— 10	— 09	— 04	— 25	— 10	— 12	— 08	— 08	— 06	— 06	— 07 1/2
TULLE	— 20	— 50	— 25	— 60	— 30	— 50	— 30	— 25	— 20	— 20	2 —
VACHETTES en colis	— 11	— 16	— 08	— 20	— 10	— 13	— 09	— 09	— 06	— 06	— 20
VANILLE	— 30	— 50	— 25	— 60	— 30	— 50	— 30	— 25	— 20	— 20	4 —
VERMILLON	— 11	— 20	— 10	— 35	— 20	— 30	— 20	— 15	— 10	— 08	1 —
VERRES et CRISTAUX emballés	— 20	— 30	— 15	— 50	— 30	— 50	— 30	— 20	— 15	— 15	— 70
VERROTERIE commune, vitrification et verre à vitre	— 10	— 17	— 08	— 30	— 17	— 20	— 10	— 12	— 09	— 10	— 40
VETYVER	— 11	— 20	— 10	— 35	— 20	— 30	— 20	— 15	— 10	— 08	— 20
VINAIGRE ordinaire, en fûts (l'hectol.)	— 08	— 12	— 06	— 27	— 15	— 15	— 15	— 10	— 08	— 06	l'hectolitre — 15
VINS de liqueur, en caisses	— 15	— 25	— 12	— 35	— 20	— 25	— 25	— 20	— 10	— 10	l'h. en caisse — 50; en fûts — 35
VINS ordinaires, en fûts (l'hectol.)	— 08	— 12	— 06	— 27	— 15	— 15	— 15	— 10	— 08	— 06	l'hectolitre — 25
d° en caisses	— 15	— 25	— 12	— 35	— 20	— 25	— 25	— 20	— 10	— 10	l'hectolitre — 50
VOITURES à 2 roues (par voiture)	gré à gré	— —	— —	— —	— —	— —	— —	— —	— —	— —	5 —
d° à 4 roues (par voiture)	d°	— —	— —	— —	— —	— —	— —	— —	— —	— —	10 —
ZINC en feuilles	— 08	— 08	— 04	— 19	— 08	— 10	— 05	— 07	— 05	— 05	— 04 1/2
d° en plaques ou en lingots	— 06	— 06	— 03	— 16	— 05	— 07	— 03	— 04	— 03	— 04	— 03

(1) En plus, les lotissements autres que ceux demandés par la Douane.

TARIF DES CAS IMPRÉVUS

Les travaux de main-d'œuvre non prévus au Tarif, demandés par le commerce, seront payés suivant le temps employé, conformément au tarif suivant :

Par journée d'ouvrier	F.	4 50
Par demi-journée	»	2 50
Par heure	»	0 80

TARIF DES BULLETINS DE POIDS DÉTAILLÉS

Autres que ceux mentionnés à l'article 17 du Règlement, § 2.

Jusqu'à 100 pesées	F.	0 01	c. par pesée.
Pour chaque pesée en sus	»	0 — 1/2	»

Sans que le prix d'un bulletin de poids détaillé puisse dépasser le maximum de 10 francs, ni descendre au-dessous de 20 centimes.

OPÉRATIONS EN DOUANE ET AUTRES POUR LE COMPTE DU COMMERCE

Tarif des droits de bureau pour déclarations et acquittements en douane.

DÉCLARATIONS A L'ENTRÉE	de consommation		F.	2 —
	de transit		»	2 —
	d'entrée en entrepôt		»	2 —
	de transbordement.	mutation d'entrepôt	»	2 —
		réexportation	»	1 50
	d'avaries		»	1 —
	d'échantillonnage		»	0 50

Déclarations a la sortie		de consommation	F. 2 —
		de transit	» 2 —
		de mutation d'entrepôt	» 2 —
		de réexportation	» 1 50
		d'exportation	» 1 50
		de transfert	» 1 —
	Primes dites d'ailleurs	Le premier passavant et la première déclaration	» 0 60
		Les autres déclarations sur le même passavant, chacune	» 0 25
	Acquits de payement ou transit.	Le premier, et déclaration unique	» 0 55
		coupure, chacune	» 0 25

Tous les imprimés nécessaires aux relations du commerce avec la Douane ou l'administration des Docks sont délivrés gratuitement, non compris les timbres.

La Compagnie traitera de gré à gré pour toutes opérations et pour tous services autres que ceux mentionnés ci-dessus.

TARIFS SPÉCIAUX

TARIF SPÉCIAL

des frais de Magasinage des MARCHANDISES D'ENTREPOT FICTIF

Pour les Marchandises jouissant de la faculté de l'Entrepôt fictif il est accordé une bonification de 25 % sur les droits de *Magasinage* établis au précédent Tarif.

TARIF SPÉCIAL

des frais de Magasinage des Marchandises LIBRES

Désignation des Marchandises	UNITÉS sur lesquelles portent LES DROITS	PRIX du Magasinage PAR MOIS	Désignation des Marchandises	UNITÉS sur lesquelles portent LES DROITS	PRIX du Magasinage PAR MOIS
Acides en fûts	les 100 kil.	— 06	Bijouterie fausse	les 100 kil.	— 60
Acides en jarres	id.	— 06	Bijouterie fine	p. 1,000 fr. valr	— 30
Acier	id.	— 06	Bimbeloterie	les 100 kil.	— 25
Agate brute	id.	— 03	Biscuits de mer	id.	— 06
Agate ouvrée	id.	— 25	Bismuth	id.	— 12
Agaric	id.	— 15	Blanc de Baleine	id.	— 25
Aiguilles	id.	— 60	Blanc de Zinc et de Plomb	id.	— 15
Albâtre en blocs	id.	— 03	Blanc d'Espagne	id.	— 12
Albâtre ouvré	id.	— 29	Blé en sacs	id.	— 04
Alizaris	id.	— 12	Bleu de Prusse	id.	— 20
Aloës	id.	— 15	Bœuf salé en colis	id.	— 09
Alun	id.	— 06	Bois d'Ébénisterie et de Teinture		
Amandes en bles etbls (en coques)	id.	— 12	(à couvert)	id.	— 06
Amandes — (sans coques)	id.	— 10	Bois dito (à découvert)	id.	— 02
Ambre brut	id.	— 60	Bombes et Boulets	id.	— 06
Ambre ouvré	p. 1,000 fr. valr	— 30	Borax	id.	— 09
Ambrette	les 100 kil.	— 12	Bouchons de liége	id.	— 30
Amidon	id.	— 20	Bougies	id.	— 30
Ananas	id.	— 12	Bourre de Soie	id.	— 30
Ancres	id.	— 04	Bouteilles vides en grenier (sans		
Anis étoilé	id.	— 25	responsabilité de casse)	le cent en nomb.	— 12
Anis ordinaire	id.	— 15	Brai (à couvert)	les 100 kil.	— 06
Antimoine	id.	— 06	Brai (à découvert)	id.	— 03
Auspects	la pièce	— 02	Brome	id.	— 18
Arachides	les 100 kil.	— 06	Brou (écorse de noix)	id.	— 10
Ardoises	id.	— 06	Cacao en sacs et en fûts	id.	— 09
Argenterie	p. 1,000 fr. valr	— 30	Cachemires	id.	— 90
Argent vif	les 100 kil.	— 20	Câble de Chanvre	id.	— 09
Armes	id.	— 20	Cachou	id.	— 09
Arrow-root	id.	— 25	Café en sacs et en fûts	id.	— 09
Arsenic	id.	— 10	Calaguala	id.	— 18
Asphalte, en blocs ou en fûts	id.	— 02	Camphre brut	id.	— 25
Assa-Fœtida	id.	— 25	Camphre raffiné	id.	— 30
Avelanèdes	id.	— 06	Cannelle	id.	— 35
Avirons	la pièce	— 03	Canons	id.	— 03
Azur	les 100 kil.	— 10	Cantharides	id.	— 35
Bablah	id.	— 06	Caoutchouc en colis	id.	— 18
Badiane	id.	— 10	Carbonates	id.	— 18
Bambous	id.	— 18	Cardamones	id.	— 25
Bananes	id.	— 12	Carthame	id.	— 12
Baume du Pérou, copahu et tolu	id.	— 35	Carmin	id.	— 15
Benjoin	id.	— 25	Carillons et Horlogerie	id.	— 90
Beurre	id.	— 12	Cascarille	id.	— 20
Bière en fûts	l'hectolitre	— 12	Casse	id.	— 15
Bière en caisses	id.	— 18	Cassia-Lignea	id.	— 18

Désignation des Marchandises	UNITÉS sur lesquelles portent LES DROITS	PRIX du Magasinage PAR MOIS
Céruse	les 100 kil.	— 04
Cévadille	id.	— 12
Chaînes en fer (à couvert)	id.	— 03
Chaînes en fer (à découvert	id.	— 02
Chandelles de Suif	id.	— 12
Chandelles Stéariques	id.	— 18
Chanvres pressés	id.	— 04½
Chanvres non pressés	id.	— 09
Chapeaux de Paille	id.	— 90
Châles et Crêpes de Chine	id.	— 90
Chiffons en colis	id.	— 09
Chromate de Fer en fûts	id.	— 03½
Chromate de Potasse	id.	— 15
Cigares	le mille en nomb.	1 15
Ciment en colis	les 100 kil.	— 06
Cire Animale en colis	id.	— 15
Citrons	id.	— 12
Clous	id.	— 03
Cobalt	id.	— 09
Cochenille en sacs et en surons	id.	— 60
Cocons de Soie	id.	— 35
Cocos en colis	id.	— 20
Cocos (grands), en vrac	id.	— 20
Cocos (petits), en vrac	id.	— 15
Colle de poisson	id.	— 60
Colle forte	id.	— 12
Confitures	id.	— 25
Conserves Alimentaires, marinées	id.	— 09
Conserves Alimentaires, confites.	id.	— 23
Coques du Levant	id.	— 12
Coquillages ordinaires	id.	— 05
Coquillages pour collection	id.	— 90
Cordages neufs ou vieux	id.	— 09
Corail brut	id.	— 25
Coriandre	id.	— 29
Cornes de Bœuf en vrac	id.	— 07
Cornes de Buffle, en vrac	id.	— 12
Corozos en colis	id.	— 12
Cotons pressés	id.	— 09
Cotons non pressés	id.	— 12
Couperose	id.	— 06
Cribles	id.	— 18
Crins pressés en balles, ballotins ou surons	id.	— 12
Crins non pressés	id.	— 20
Cubèbes	id.	— 25
Cuirs non dénommés en colis	id.	— 12
Cuirs salés de Cheval, en vrac	id.	— 15
Cuirs salés de Bœuf, —	id.	— 15
Cuirs secs de Cheval, —	id.	— 12
Cuirs secs de Bœuf, —	id.	— 12
Cuivre en lingots	id.	— 03
Cuivre en planches	id.	— 04½
Cuivre vieux ou neuf en fûts	id.	— 06
Curcuma	id.	— 10
Dames-Jeanne	le cent en nomb.	— 70
Dattes	les 100 kil.	— 12
Dégras	id.	— 12
Dents d'Eléphant	id.	— 30
Dentelles	id.	1 70
Draps	id.	— 60
Douvelles	le mille en nomb.	— 50
Duvet	les 100 kil.	— 29
Eaux-de-Vie en fûts	l'hectolitre	— 18
Eaux-de-Vie en caisses	id.	— 30
Eaux Médicales en fûts	id.	— 10
Eaux Médicales en caisses	id.	— 10
Ecailles	les 100 kil.	— 60
Ecorces	id.	— 18
Edredon	id.	1 20
Effets à usage	id.	— 40
Emeri en pierres	id.	— 06
Encens ou Oliban	id.	— 10
Encre de Chine	id.	1 20
Encre à écrire	id.	— 12
Eponges	id.	— 60
Esprits en fûts	l'hectolitre	— 23
Esprits en caisses	id.	— 30
Essences de Térébenthine et autres pour la Peinture	les 100 kil.	— 12
Essences et Huiles Essentielles non dénommées, pour Médecine et Parfumerie	id.	3 —
Etain en saumons et lingots	id.	— 03
Fanons	id.	— 12
Faines en colis	id.	— 06
Faux	id.	— 10
Ferblanc et Ferraille en colis et en vrac	id.	— 12
Feuilles de Laurier et autres Feuilles et Fleurs Médicinales	id.	— 20
Feuilles de Latanier	id.	— 20
Fèves Médicinales	id.	— 60
Figues sèches	id.	— 12
Fer en barres	id.	— 04
Fer en masse (à découvert)	id.	— 02
Fils de Chanvre	id.	— 10
Fils de Lin	id.	— 20
Fils de Laine et Coton	id.	— 60
Fils de Soie	id.	— 90
Fils de Fer et de Cuivre	id.	— 09
Fontes en gueuses	id.	— 01½
Fonte ouvrée (à découvert)	id.	— 03
Fonte en colis	id.	— 06
Fromages	id.	— 10
Fruits de Tables non dénommés en colis	id.	— 12
Futailles vides	les 100 litres	— 12
Galipot	les 100 kil.	— 06
Garance en racine	id.	— 12
Garance en poudre	id.	— 09
Gentiane	id.	— 12
Genièvre en fûts	l'hectolitre	— 20
Genièvre en caisses ou dames-jeanne	id.	— 30
Gingembre	les 100 kil.	— 12
Girofle	id.	— 18
Gomme oliban	id.	— 09
Gomme copale	id.	— 15
Gomme laque	id.	— 12
Gomme du Sénégal	id.	— 10
Gomme élastique	id.	— 20
Goudron	id.	— 06
Graines et Farines non dénommées, en colis	id.	— 06
Gravures et Dessins	id.	— 90

Désignation des Marchandises	UNITÉS sur lesquelles portent LES DROITS	PRIX du Magasinage PAR MOIS
Graisses non dénommées	les 100 kil.	— 08
Griffes de Girofle	id.	— 06
Guano	id.	— 03½
Gutta-Percha	id.	— 20
Guinées bleues	id.	— 15
Horlogerie (commune) en colis	id.	— 35
Horlogerie (pendules) —	id.	— 90
Houblon	id.	— 15
Huile d'Olive et autres Huiles fixes non dénommées, en fûts	id.	— 15
Huile de Palme, de Coco et autres concrètes, en fûts	id.	— 09
Huile de Pétrole	id.	— 15
Huile de Baleine en fûts	id.	— 12
Huiles volatiles et essentielles	id.	3 —
Indigo	id.	— 35
Instruments aratoires	id.	— 10
Instruments de Musique, de Sciences et de Marine	id.	— 60
Ipécacuanha	id.	— 35
Iris	id.	— 15
Ivoire brut en grenier	id.	— 30
Jalap	id.	— 20
Jambons et Lard	id.	— 09
Joncs	id.	— 20
Jouets d'Enfants	id.	— 25
Jus de Citron en fûts	id.	— 12
Jus de Réglisse en caisses	id.	— 10
Jus et Sirops de table	id.	— 30
Jute et Pitre en balles non pressées	id.	— 09
Jute et Pitre en balles pressées	id.	— 05
Lacdye	id.	— 09
Laines en balles pressées	id.	— 12
Laines en balles non pressées	id.	— 20
Légumes secs	id.	— 06
Librairie	id.	— 30
Lichen	id.	— 15
Licopodium	id.	— 20
Lièges en planches ou en balles	id.	— 25
Lin en b[les] pressées et non pressées	id.	— 12
Linge de table en fil ou coton, ouvré ou non	id.	— 50
Linge de table en fil ou coton, damassé	id.	— 90
Liquides non dénommés en fûts	Voir les Prix portés à chaque espèce de liquide	
Liquides en caisses, dames-jeanne ou jarres		
Limes	les 100 kil.	— 09
Litharge	id.	— 04
Machines et Mécaniques en vrac	id.	— 15
Machines et Mécaniques en colis	id.	— 15
Macis	id.	— 30
Magnésie	id.	— 20
Maïs en sacs	id.	— 04
Manganèse	id.	— 03½
Manioc	id.	— 12
Manne	id.	— 20
Marbre en blocs	id.	— 03
Marbre en tranches	id.	— 06
Marbre ouvré	id.	— 09
Mâts	la pièce	1 75
Mâtereaux	id.	— 90
Médicaments composés	les 100 kil.	— 30
Mélasse	les 100 kil.	— 04
Mercerie	id.	— 25
Mercure	id.	— 20
Merrains	le mille	— 50
Métaux non dénommés	Voir les Prix portés à chaque espèce.	
Meules	les 100 kil.	— 12
Miel	id.	— 06
Mine de Plomb	id.	— 03½
Minerais de fer, de cuivre et autres en colis	id.	— 03½
Minium	id.	— 09
Morue sèche en colis	id.	— 12
Mousseline	id.	— 90
Musc	p. 1,000 fr. val[r]	— 30
Muscades	les 100 kil.	— 30
Myrobolans	id.	— 15
Myrrhe	id.	— 12
Nacre en colis ou en grenier	id.	— 12
Nankin	id.	— 12
Nattes en balles ou paquets	id.	— 12
Nerprun	id.	— 15
Nitrate de soude et de potasse	id.	— 05
Noir de fumée et Noir animal en colis	id.	— 09
Noix de galle	id.	— 18
Objets d'art et de collection	id.	— 60
Ocre en sacs ou en fûts	id.	— 06
Oignons en gousse non dénommés	id.	— 12
Oleïne	id.	— 09
Olives	id.	— 12
Onglons de tortue en colis	id.	— 18
Onglons de bétail en colis	id.	— 08
Onglons en grenier	id.	— 12
Opium	id.	— 30
Or et Argent ouvré ou monnayé	p. 1,000 fr. val[r]	— 30
Oranges en colis	les 100 kil.	— 15
Orangettes	id.	— 15
Oreillons et Rognures de peaux en colis	id.	— 12
Orge perlé	id.	— 12
Orseille	id.	— 18
Os de Bétail en colis	id.	— 08
Os de Bétail en grenier	id.	— 12
Osier	id.	— 12
Outils	id.	— 18
Palma-Christi en graines	id.	— 18
Papier	id.	— 25
Parfumerie	id.	— 30
Passementerie	id.	— 35
Pastel et Peintures	id.	— 20
Pâtes diverses	id.	— 12
Patchouli	id.	— 20
Peaux de Chien de mer	id.	— 20
Peaux de Mouton en balles pressées	id.	— 12
Peaux de Mouton en balles non pressées	id.	— 20
Peaux de Chèvre, d'Agneaux et autres	id.	— 35
Pelleteries non dénommées brutes	id.	— 35

Désignation des Marchandises	UNITÉS sur lesquelles portent LES DROITS	PRIX du Magasinage PAR MOIS
Pelleteries non dénomm. ouvrées	les 100 kil.	— 90
Perlasse	id.	— 05
Phosphore	id.	— 60
Pierres à aiguiser en colis	id.	— 12
Pierres lithographiques en colis	id.	— 09
Pierre-Ponce	id.	— 18
Pierreries fausses	id.	— 15
Piment	id.	— 09
Pistaches	id.	— 12
Plomb en saumons	id.	— 01 ½
Plomb en feuilles	id.	— 03
Plumes d'Autruches et de Vautour	id.	— 90
Plumes à lit et à écrire	id.	— 03
Plumes de parure	id.	— 90
Poils de Vache, Plocs, Poils de Porc	id.	— 12
Poils de Lièvre, de Lapin, de Chèvre et de Chameau	id.	— 30
Poissons secs salés en colis	id.	— 12
Poissons marinés	id.	— 18
Poivre	id.	— 09
Porcelaine emballée	id.	— 30
Potasse	id.	— 05
Poterie fine emballée	id.	— 18
Poterie commune emballée	id.	— 15
Produits chimiques et pharmaceutiques non dénommés :		
en fûts ou en caisses	id.	— 20
en jarres ou en pots	id.	— 35
Quercitron en colis	id.	— 06
Quincaillerie grosse	id.	— 09
Quincaillerie fine emballée	id.	— 18
Quinquina rouge	id.	— 40
Quinquina gris ou autres	id.	— 20
Racine de Réglisse et autres non dénommées	id.	— 15
Raisins secs	id.	— 12
Résine (à couvert)	id.	— 06
Résine (à découvert)	id.	— 03
Rhubarbe	id.	— 30
Rhum en fûts	l'hectolitre	— 18
Rhum en caisses	id.	— 30
Riz en sacs ou en fûts	les 100 kil.	— 04
Rocou	id.	— 12
Rognures de cuirs en b^{les} pressées	id.	— 12
Rotins	id.	— 20
Rubans sur bobines	id.	— 60
Sacs vides	id.	— 05
Safran	id.	— 70
Safranum	id.	— 12
Sagou	id.	— 12
Saindoux	id.	— 08
Salaisons non dénommées en colis	id.	— 09
Salpêtre	id.	— 05
Salsepareille	les 100 kil.	— 35
Sandaraque	id.	— 12
Sang-Dragon	id.	— 25
Savon autre que pour la Parfumerie	id.	— 09
Scammonée	id.	— 12
Sel de Soude	id.	— 09
Sels médicinaux	id.	— 20
Semen-Contra	id.	— 25
Séné	id.	— 20
Simarouba	id.	— 20
Sirops de table en caisses	id.	— 30
Soie moulinée	id.	— 90
Soie écrue ou grège	id.	— 60
Soies de Porc en colis	id.	— 12
Soude	id.	— 05
Soufre brut	id.	— 12
Sparterie	id.	— 25
Spermaceti	id.	— 12
Sucre raffiné en colis	id.	— 09
Sucre brut	id.	— 07
Suif en fûts ou en caisses	id.	— 07 ½
Sulfate de Potasse et de Soude	id.	— 05
Sumac	id.	— 06
Tabac en feuilles	id.	— 10
Tabac fabriqué en carottes	id.	— 45
Tabletteries	id.	— 30
Tableaux	id.	— 90
Tafia en fûts	l'hectolitre	— 18
Tafia en caisses	id.	— 30
Tamarin	les 100 kil.	— 09
Tannins	id.	— 12
Tapioca	id.	— 12
Tapis	id.	— 60
Thés	id.	— 35
Tissus de fil ou de coton	id.	— 30
Tissus de laine	id.	— 60
Tissus de soie	id.	— 90
Toiles d'emballage et à voiles	id.	— 18
Tôle brute	id.	— 04 ½
Tulle	id.	1 15
Vachettes en colis	id.	— 12
Vanille	id.	2 30
Vermillon	id.	— 60
Verres et Cristaux emballés	id.	— 40
Verroterie commune, Vitrification et Verre à vitre	id.	— 25
Vétyver	id.	— 12
Vinaigre ordinaire en fûts	l'hectolitre	— 12
Vins de liqueur en caisses	id.	— 30
Vins ordinaires en fûts	id.	— 15
Vins en caisses	id.	— 30
Zinc en feuilles	les 100 kil.	— 03
Zinc en plaques ou lingots	id.	— 02

TARIF SPÉCIAL

POUR LE PILAGE DES SUCRES RAFFINÉS

Ensemble des opérations comprenant :

Réception des pains de Sucre, arrimage sur la plate-forme, reconnaissance par la Douane, mise dans les moulins à broyage ; tare des fûts ou caisses vides, garniture avec du papier, remplissage des colis, transport dans la cour du dépôt, pesage. Récensement de Douane, marquage et conditionnement.

Obligation par les raffineurs de sucre de faire enlever les sucres pilés des cours de conditionnement après un stationnement maximum de 3 jours.

Pilés ordinaires mis en caisses ou fûts

Colis remplis et pesés au brut et dépassant une quantité de plus de 30,000 kil. par jour......F. 1 — % kil.

Colis réglés à un poids uniforme ou n'allant pas à 30,000 kilog. par jour...... » 1 10 » »

Bridage, par caisse...... » 0 20

Pilés en Poudre

Quelle que soit la quantité......F. 1 25 % kil.

Bridage par caisse...... » 0 20

Pilés mis en sacs

Pilés ordinaires, non réglés......F. 0 80 % kil.

— réglés à un poids entrant librement dans les sacs...... » 0 85 » »

— fin ou inférieur à une quantité de 30,000 kil. par jour...... » 1 05 » »

Tous les emballages fournis devront être en bon état.

Tout conditionnement nécessité par leur mauvais état, sera payé à part.

TARIF
DE LOCATION DE LA SALLE DE VENTE

Par chaque vente, ou par jour, dans le cas où la vente durerait plus d'un jour :

Par vente ne dépassant pas F. 10,000..F. 15 —
— au-dessus de F. 10,000 jusqu'à F. 30,000.. » 20 —
— au-dessus de F. 30,000 jusqu'à F. 50,000.. » 40 —
— au-dessus de F. 50,000 et quel que soit le montant de la vente.. » 50 —

Ces prix sont ainsi fixés pour la saison d'Été, du 1er Avril au 30 Septembre ; ils seront augmentés de moitié en sus pour la saison d'Hiver, du 1er Octobre au 31 Mars.

TARIF DES TRAVAUX DE VOILERIE

CONDITIONS GÉNÉRALES RELATIVES AUX TRAVAUX DE VOILERIE

Les opérations dites : *Recevoir du navire, surveiller les avaries avec conditionnement d'usage*, comprennent : toutes les opérations nécessaires pour la reconnaissance par la Douane, et pour celle des avaries et leurs constatation, le marquage et la série, quand il y a lieu et quand il n'est pas autrement stipulé au Tarif.

Les opérations dites : *Ouvrir et fermer pour examen ou vente publique*, comprennent : tout le travail d'usage, y compris le numérotage des lots.

Les opérations dites : *Recevoir en magasin et conditionner pour remettre en magasin ou pour expédier*, comprennent : toutes les opérations nécessaires pour la reconnaissance et l'arbitrage de la marchandise, avec marquage et numérotage, s'il y a lieu, quand il n'est pas autrement stipulé au Tarif.

Les opérations dites : *Surveiller le désarrimage à la livraison ou à la sortie*, comprennent : la mise de la marchandise en état d'être livrée et le ramassage de la marchandise échappée des colis et susceptible d'y être réintégrée.

Toutes les opérations de voilerie comprennent les fournitures, moins la corde et la toile, qui se payent en sus.

Les opérations d'échantillonnage comprennent la remise des échantillons à domicile, dans les vingt-quatre heures de leur prélèvement.

Tout marquage, compris dans une opération de voilerie, ne peut dépasser six lettres, chiffres ou figures; au delà, le supplément de marquage sera payé suivant le Tarif.

En aucun cas, le marquage ne pourra être compris dans les opérations de voilerie désignées comme suit :

Échantillonner seulement.

Surveiller le désarrimage à la livraison ou à la sortie.

Les travaux de voilerie non désignés au Tarif seront payés par assimilation avec ceux tarifés pour des marchandises analogues.

Arachides en sacs

Recevoir du navire, veiller aux avaries, conditionnement d'usage avec ou sans marquage :

Sans échantillonnage	» 03
Avec échantillonnage en commune	» 04
— en détail	» 07
Échantillonnage en magasin, en commune	» 03
Marquer, ouvrir et fermer, pour examen ou vente publique	» 05
Réception en magasin, conditionnement pour remettre en magasin :	
Sans échantillonner	» 03
Avec échantillonnage en commune	» 04
— en détail	» 06
Surveiller le désarrimage à la livraison ou à la sortie	« 01 ½
Recevoir et conditionner pour l'expédition :	
Sans échantillonner	» 04
Avec échantillonnage en commune	» 05
— en détail	» 07
En grenier : Fermer les sacs avec marquage	» 10
— sans marquage	» 08

Borax en sacs

Recevoir du navire, surveiller les avaries, conditionnement d'usage :

Sans échantillonnage	» 05
Avec échantillonnage en commune	» 06
— en détail	» 08
Échantillonner en magasin :	
en commune	» 03
en détail	» 06
Marquer, ouvrir et fermer pour examen ou vente publique	» 05
Tarer	» 30
Recevoir du magasin et conditionner pour remettre en magasin :	
Sans échantillonnage	» 07
Avec échantillonnage en détail ou en commune	» 08
Recevoir et conditionner pour l'expédition :	
Sans échantillonnage	» 09
Avec échantillonnage en détail ou en commune	» 10
Surveiller le désarrimage à la livraison ou à la sortie	» 05 ou à la journée.

Café, Cacao, Girofle, Piment, Poivre, Salpêtre de l'Inde et marchandises non dénommées, en sacs

Recevoir du navire, surveiller les avaries, conditionnement d'usage avec ou sans numérotage de série :

Sans échantillonnage	» 04 1/2
Avec échantillonnage en commune	» 05 1/2
Avec échantillonnage en détail	» 07 1/2

Échantillonner en magasin :

En commune	» 03
En détail	» 04
Marquer, ouvrir et fermer pour examen ou vente publique	» 05
Tarer (1)	» 30

Recevoir du magasin et conditionner pour remettre en magasin :

Sans échantillonnage	» 03 1/2
Avec échantillonnage en commune	» 04 1/2
— en détail	» 06

Recevoir et conditionner pour l'expédition :

Sans échantillonnage	» 04
Avec échantillonnage en commune	» 05 1/2
— en détail	» 08
Surveiller le désarrimage à la livraison ou à la sortie	» 01 1/2
Poivre en grenier : Fermeture des sacs sans marquage	» 08
— avec marquage	» 10

Cachou en sacs

Recevoir du navire, veiller aux avaries, conditionnement d'usage :

Avec échantillonnage en commune	» 03
Sans échantillonnage	» 02
Échantillonnage en magasin, en commune	» 04
Marquer, ouvrir et fermer pour examen ou vente publique	» 05

Tarer (cas imprévus, folio 66).

Recevoir du magasin, et conditionner pour remettre en magasin :

Sans échantillonnage	» 05
Avec échantillonnage en commune	» 07

Recevoir et conditionner pour l'expédition :

Sans échantillonnage	» 10
Avec échantillonnage en commune	» 12
Emballage	» 25
Surveiller le désarrimage à la livraison ou à la sortie	» 01 1/2

---

(1) Tare des cafés Moka : la balle .... F. 1 —
— — la demi-balle .... » » 50

Cannelle

	DE CHINE EN PAQUETS	DE CEYLAN EN BALLES
	f. c.	f. c.
Recevoir du navire, veiller aux avaries, conditionnement d'usage :		
Sans échantillonner	» 03	» 15
Avec échantillonnage	» 05	» 25
Échantillonner en magasin	» 04	» 20
Ouvrir, fermer, avec ou sans marque, pour examen ou vente publique	» 03	» 10
Tarer	» 06	» 30
Recevoir du magasin et conditionner pour remettre en magasin :		
Sans échantillonner	» 03	» 15
Avec échantillonnage	» 05	» 25
Recevoir et conditionner pour expédition		
Sans échantillonner	» 03	» 20
Avec échantillonnage	» 05	» 30

Caoutchouc (en sacs)

Recevoir du navire, veiller aux avaries, conditionnement d'usage :	
Sans échantillonnage	» 10
Avec échantillonnage en détail ou en commune	» 25
Échantillonner en magasin, en détail ou en commune	» 20
Marquer, ouvrir ou fermer pour magasin ou vente publique	» 05
Tarer	» 30
Recevoir du magasin, échantillonner en détail, ou en commune et conditionner pour remettre en magasin	» 20
Recevoir et conditionner pour l'expédition :	
Sans échantillonnage	» 15
Avec échantillonnage en détail ou en commune	» 25

Cire en balles

Recevoir du navire, veiller aux avaries, conditionnement d'usage :	
Sans échantillonnage	» 10
Avec échantillonnage en détail ou en commune	» 25
Échantillonner en magasin, en détail ou en commune	» 15
Marquer, ouvrir et fermer pour examen ou vente publique	» 05
Tarer	» 30
Recevoir du magasin, échantillonner et conditionner pour remettre en magasin	» 25
Recevoir et conditionner pour l'expédition :	
Sans échantillonnage	» 20
Avec échantillonnage en détail ou en commune	» 30

Cochenille, Ipécacuanha, Jalap, Quinquina et toutes marchandises non dénommées en surons

	EN SURONS	EN SACS
	f. c.	f. c.
Recevoir du navire, veiller aux avaries, conditionnement d'usage :		
Sans échantillonnage	» 25	» 15
Avec échantillonnage	» 50	» 25
Échantillonner en magasin	» 50	» 20
Marquer, ouvrir et fermer pour examen ou vente publique	» 25	» 15
Tarer ou vider	1 50	» 50
Recevoir du magasin, échantillonner et conditionner pour remettre en magasin, sans vider..	» 50	» 25
Recevoir et conditionner pour l'expédition, sans vider :		
Sans échantillonnage	» 25	» 20
Avec échantillonnage	» 50	» 25
Emballage des surons	» 50	

Cotons

	COTONS pressés EN BALLES	COTONS du Brésil ET DU PÉROU	COTONS en ballotins de toutes provenances
Recevoir du navire, veiller aux avaries, conditionnement d'usage sans faire de séries :	f. c.	f. c.	f. c.
Sans échantillonner	» 10	» 10	» 10
Avec échantillonnage	» 17 1/2	» 15	» 15
Recevoir du navire, veiller aux avaries, conditionnement d'usage, avec numérotage par série :			
Sans échantillonner	» 10	» 10	» 10
Avec échantillonnage	» 20	» 17 1/2	» 17 1/2
Échantillonner en magasin	» 10	» 08	» 08
Disposition pour la vente publique	» 10	» 10	» 10
Recevoir du magasin, échantillonner et conditionner pour remettre en magasin..	» 20	» 17 1/2	» 15
idem sans échantillonner	» 15	» 12 1/2	» 10
Recevoir et conditionner pour l'expédition :			
Sans échantillonner	» 20	» 20	» 12
Avec échantillonnage et marquage	» 28	» 28	» 20
— sans marquage	» 24	» 24	» 16
Conditionnement d'expédition après vente publique	» 50	» 50	» 35
Recorder les balles à la livraison, les mettre sur quatre cordes (par balle recordée, fourniture de cordes en plus)	» 15	» »	» »

Crins

	PETITS SURONS ou ballotins jusqu'à 100 kilogr.	SURONS ou balles de 101 kilogr. et au-dessus
Recevoir du navire, veiller aux avaries, conditionnement d'usage avec ou sans série :	f. c.	f. c.
Sans échantillonner	» 10	» 12
Avec échantillonnage	» 17 1/2	» 30
Échantillonner en magasin	» 08	» 16
Disposition pour la vente publique, et remettre le crin dans les balles	» 20	» 30
Tarer (1)	» 60	1 10
Recevoir du magasin, et conditionner pour remettre en magasin :		
Avec échantillonnage	» 15	» 35
Sans échantillonnage	» 10	» 25
Recevoir et conditionner pour l'expédition, avec ou sans marquage :		
Sans échantillonnage	» 12	» 35
Avec échantillonnage	» 16	» 45

Echantillonner les balles avec ouvertures par le bout, compris fourniture de cordes : 70 centimes en sus du prix de l'échantillonnage ordinaire.

Crin Végétal et Mousse en balles

Recevoir du navire, veiller aux avaries, conditionnement d'usage, avec ou sans numérotage de série :	
Sans échantillonnage	F. » 10
Avec échantillonnage	» 20
Disposition pour la vente publique	» 15
Echantillonner en magasin	» 10
Recevoir du magasin, échantillonner et conditionner pour remettre en magasin	» 20
Recevoir et conditionner pour l'expédition :	
Sans échantillonnage	» 20
Avec échantillonnage sans marquage	» 24
— et marquage	» 28
Conditionnement d'expédition après vente publique pour cause d'avaries	» 50

(1) Pour les balles ou surons de crin au-dessus de 300 kilog., les prix seront réglés de gré à gré.

Curcuma, Gingembre

	EN SACS	EN POCHETTES
	f. c.	f. c.
Recevoir du navire, surveiller les avaries, conditionnement d'usage :		
Sans échantillonnage	» 03	» 02
Avec échantillonnage en commune	» 05	» 03
— en détail	» 07	» 05
Echantillonner en magasin :		
En commune	» 03	» 02
En détail	» 04	» 04
Marquer, ouvrir et fermer pour examen ou vente publique	» 03	» 02
Tarer	» 15	» 07 ½
Recevoir du magasin et conditionner pour remettre en magasin :		
Sans échantillonnage	» 03 ½	» 02
Avec échantillonnage en commune	» 04 ½	» 03
— en détail	» 06	» 05
Recevoir et conditionner pour l'expédition :		
Sans échantillonnage	» 03 ½	» 02 ½
Avec échantillonnage en commune	» 05	» 03 ½
— en détail	» 06 ½	» 05 ½
Surveiller le désarrimage à la livraison ou à la sortie	» 01 ½	» 00 ½

Éponges en balles

Recevoir du navire, veiller aux avaries, conditionnement d'usage :	
Sans échantillonnage	» 10
Avec échantillonnage	» 25
Echantillonner en magasin	» 20
Disposition pour la vente publique	» 05
Plus, par balle ouverte	» 50
Recevoir du magasin, échantillonner et conditionner pour remettre en magasin	» 25
Recevoir et conditionner pour l'expédition :	
Sans échantillonnage	» 20
Avec échantillonnage	» 25
Ouverture demandée pour la vérification de la douane	» 50

Fanons

Recevoir du navire, veiller aux avaries et conditionnement d'usage	» 05
Refaire les paquets	» 30
Chausser les paquets	» 25
Mise en fardeaux de 2 à 5 paquets	1 —
Marquage à la peinture	» 05

Gomme en Sacs

Recevoir du navire, surveiller les avaries, conditionnement d'usage avec ou sans série :	
Sans échantillonnage	» 04 ½
Avec échantillonnage en commune	» 07
— en détail	» 10
Echantillonner en magasin :	
En commune	» 05
En détail	» 06
Marquer, ouvrir et fermer pour examen ou vente publique	» 05
Tarer	» 30
Recevoir du magasin et conditionner pour remettre en magasin :	
Sans échantillonnage	» 04
Avec échantillonnage en commune	» 06
— en détail	» 08
Recevoir et conditionner pour l'expédition :	
Sans échantillonnage	» 04
Avec échantillonnage en commune	» 07
— en détail	» 09
Surveiller le désarrimage à la livraison ou à la sortie	» 01 ½

Grains et Graines (Blés et Maïs en sacs)

Recevoir du navire, veiller aux avaries, conditionnement d'usage :	
Sans échantillonnage	» 03
Avec échantillonnage	» 05
Echantillonner en magasin	» 02 ½
Marquer, ouvrir et fermer pour examen ou vente publique	» 05
Tarer (cas imprévus, folio 66).	
Recevoir du magasin et conditionner pour remettre en magasin :	
Sans échantillonnage	» 02 ½
Avec échantillonnage	» 03 ½
Recevoir et conditionner pour l'expédition :	
Sans échantillonnage	» 03
Avec échantillonnage	» 04
Surveiller le désarrimage à la livraison et à la sortie	» 01 ½
En grenier : Fermer les sacs avec marquage	» 07
— sans marquage	» 05
Recoudre les emballages des barils de graine de lin	» 10

Nota. — La mise en sacs mentionnée au tarif de manutention des grains et graines comprend la ligature des sacs, mais non la fermeture cousue qui se paye séparément suivant le tarif ci-dessus.

Guano

Fermer les sacs avec ou sans marquage	» 08
Fermer les sacs, avec plombage et écrasage du plomb, avec ou sans marquage	» 12
Expédier, marquer, surveiller le conditionnement	» 05

Houblon en balles

Recevoir du navire, veiller aux avaries, conditionnement d'usage avec ou sans numérotage de série :	
Sans échantillonnage	» 10
Avec échantillonnage	» 25
Disposition pour la vente publique	» 10
Échantillonner en magasin	» 20
Recevoir des magasins, échantillonner et conditionner pour remettre en magasin	» 30
Recevoir et conditionner pour l'expédition :	
Sans échantillonnage	» 25
Avec échantillonnage	» 30

Jute

Recevoir du navire, veiller aux avaries, conditionnement d'usage, avec ou sans série :

Sans échantillonnage	» 05
Disposition pour vente publique	» 10
Ouvrir et fermer pour vente publique ; par balle ouverte	» 15
Conditionner après vente publique	» 05
Plus — — par balle ouverte	» 25
Recevoir en magasin et conditionner pour remettre en magasin	» 05
— et conditionner pour l'expédition	» 10

Laines

	EN BALLES de LA PLATA	EN BALLES pressées ou non pressées de toutes provenances autres que de la Plata	EN BALLOTINS de toutes provenances
Recevoir du navire, veiller aux avaries, conditionnement d'usage, avec ou sans série :	f. c.	f. c.	f. c.
Sans échantillonnage	» 10	» 10	» 08
Avec échantillonnage	» 30	» 20	» 17 1/2
Échantillonner en magasin	» 16	» 10	» 08
Recevoir du magasin et conditionner pour remettre en magasin, avec ou sans marquage :			
Avec échantillonnage	» 30	» 20	» 15
Sans échantillonnage	» 22	» 15	» 10
Recevoir et conditionner pour l'expédition, avec ou sans marquage :			
Sans échantillonnage	» 30	» 20	» 12
Avec échantillonnage	» 40	» 28	» 16
Disposition pour la vente publique, — et remettre la laine dans les balles après la vente	» 30	» 30	» 20
Echantillonner sur le plat	1 »	» »	» »

Marchandises non dénommées en balles non pressées

Recevoir du navire, surveiller les avaries, conditionnement d'usage, avec ou sans série :

Sans échantillonnage	» 12
Avec échantillonnage	» 22
Echantillonnage en magasin	» 15
Disposition pour la vente publique	» 10
Plus, par balle ouverte	» 15

Recevoir du magasin et conditionner pour remettre en magasin :

Avec échantillonnage	» 30
Sans échantillonnage	» 20

Recevoir et conditionner pour l'expédition, avec ou sans marquage :

Sans échantillonnage	» 30
Avec échantillonnage	» 40
Conditionnement d'expédition des balles après vente publique pour avaries	» 50

Nota. — Les balles ou ballots d'un poids inférieur à 100 kil. payeront 30 0/0 de moins que les prix ci-dessus.

Marchandises non dénommées en balles pressées

Recevoir du navire, veiller aux avaries, conditionnement d'usage, sans faire de série :

Sans échantillonnage	» 10
Avec échantillonnage	» 17 ½

Recevoir du navire, veiller aux avaries, conditionnement d'usage avec numérotage par série :

Sans échantillonnage	» 10
Avec échantillonnage	» 20
Disposition pour la vente publique	» 10
Plus, par balle ouverte	» 15
Echantillonner en magasin	» 10

Recevoir du magasin et conditionner pour remettre en magasin :

Avec échantillonnage	» 20
Sans échantillonnage	» 12

Recevoir et conditionner pour l'expédition :

Sans échantillonnage	» 20
Avec échantillonnage sans marquage	» 24
Avec échantillonnage et marquage	» 28
Conditionnement d'expédition après vente publique pour cause d'avaries	» 50
Recorder les balles à la livraison, les mettre sur quatre cordes (par balle recordée, fourniture de cordes en plus)	» 15

Nota. — Les balles ou ballots d'un poids inférieur à 100 kil. payeront 30 0/0 de moins que les prix ci-dessus.

Minerais en sacs

Recevoir du navire, veiller aux avaries, conditionnement d'usage :	
Sans échantillonnage	» 02
Avec échantillonnage en commune	» 04
Échantillonnage en magasin, en commune	» 03 ½
Marquer, ouvrir et fermer pour examen ou vente publique	» 04
Tarer	» 20
Recevoir du magasin, échantillonner en commune et conditionner pour remettre en magasin	» 03 ½
Recevoir et conditionner pour l'expédition :	
Sans échantillonnage	» 02
Avec échantillonnage en commune	» 04
Surveiller le désarrimage à la livraison ou à la sortie	» 01

Nitrates de Soude en sacs

Recevoir du navire, surveiller les avaries, conditionnement d'usage :	
Sans échantillonnage	» 04 ½
Avec échantillonnage en commune	» 05 ½
— en détail	» 07 ½
Échantillonner en magasin :	
En commune	» 03
En détail	» 04
Marquer, ouvrir et fermer pour examen ou vente publique	» 05
Tarer	» 30
Recevoir du magasin et conditionner pour remettre en magasin :	
Sans échantillonnage	» 07
Avec échantillonnage en détail ou en commune	» 08
Recevoir et conditionner pour l'expédition :	
Sans échantillonnage	» 09
Avec échantillonnage en détail ou en commune	» 10
Surveiller le désarrimage à la livraison ou à la sortie	» 05 ou à la journée.
Mise en double emballage	» 15

Orseille en sacs

Recevoir du navire, veiller aux avaries, conditionnement d'usage avec ou sans numérotage de série :	
Sans échantillonnage	» 10
Avec échantillonnage	» 17
Échantillonnage en magasin	» 10
Disposition pour la vente publique	» 12
Recevoir du magasin, échantillonner et conditionner pour remettre en magasin	» 17
Recevoir et conditionner pour l'expédition :	
Sans échantillonnage	» 17
Avec échantillonnage sans marquage	» 22
— et marquage	» 25
Conditionnement d'expédition après vente publique	» 40

Plumes d'Autruche et de Vautour en balles

Recevoir du navire, veiller aux avaries, conditionnement d'usage avec ou sans série :	
Sans échantillonnage	» 12
Avec échantillonnage	» 30
Échantillonnage ordinaire en magasin	» 16
— sur le plat	» 75
Recevoir du magasin, échantillonner et conditionner pour remettre en magasin	» 30
Recevoir et conditionner pour l'expédition avec ou sans marquage :	
Sans échantillonnage	» 30
Avec échantillonnage ordinaire	» 40
— sur le plat	1 —
Disposition pour la vente publique, et remettre la plume dans les balles	» 10
Plus, par balle ouverte	1 —
Tarer le double emballage	1 —

Peaux de Mouton, Vachettes et toutes Pelleteries en balles

Recevoir du navire, veiller aux avaries, conditionnement d'usage :

Sans échantillonnage	» 10
Avec échantillonnage	1 —
Échantillonner en magasin	1 —
Compter les peaux et refaire les balles. A la journée	
Disposition pour la vente publique	» 10
Plus par balle ouverte	1 —

Recevoir et conditionner pour expédier ou remettre en magasin :

Sans échantillonnage	» 30
Avec échantillonnage	1 —

Quercitron en sacs

Recevoir du navire, surveiller les avaries, conditionnement d'usage avec ou sans numérotage de série :

Sans échantillonnage	» 03 ½
Echantillonnage en commune	» 05
— en détail	» 06

Echantillonner en magasin :

En commune	» 03
En détail	» 04
Marquer, ouvrir et fermer pour examen ou vente publique	» 05
Tarer	» 20

Recevoir du magasin et conditionner pour remettre en magasin :

Sans échantillonnage	» 03
Avec échantillonnage en commune	» 04
— en détail	» 06

Recevoir et conditionner pour l'expédition :

Sans échantillonnage	» 03 ½
Echantillonnage en commune	» 05
— en détail	» 07
Surveiller le désarrimage à la livraison ou à la sortie	» 01 ½

Riz en sacs

Recevoir du navire, veiller aux avaries, conditionnement d'usage :	
Sans échantillonnage	» 03
Avec échantillonnage	» 05
Échantillonner en magasin	» 02 ½
Marquer, ouvrir et fermer pour examen ou vente publique	» 05
Tarer	» 30
Recevoir du magasin et conditionner pour remettre en magasin :	
Sans échantillonnage	» 02 ½
Avec échantillonnage	» 03 ½
Recevoir et conditionner pour l'expédition :	
Sans échantillonnage	» 03
Avec échantillonnage	» 04
Surveiller le désarrimage à la livraison ou à la sortie	» 01 ½

Rognures de cuir en balles

Recevoir du navire, veiller aux avaries, conditionnement d'usage avec ou sans série :	
Sans échantillonnage	» 10
Avec échantillonnage	» 30
Échantillonner en magasin	» 16
Recevoir du magasin, échantillonner et conditionner pour remettre en magasin	» 30
sans échantillonnage	» 15
Recevoir et conditionner pour l'expédition, avec ou sans marquer :	
Sans échantillonnage	» 30
Avec échantillonnage	» 40

Rocou en paniers

Recevoir du navire, veiller aux avaries, conditionnement d'usage :	
Sans échantillonnage	» 08
Avec échantillonnage	» 12
Tarer	» 50
Recevoir, conditionner pour expédier ou pour remettre en magasin :	
Sans échantillonnage	» 10
Avec échantillonnage	» 20

Sucre en sacs (1)

Recevoir du navire, surveiller les avaries, conditionnement d'usage avec ou sans numérotage de série :

Sans échantillonnage	» 04 1/2
Avec échantillonnage en commune	» 05 1/2
— en détail	» 07 1/2

Échantillonner en magasin :

En commune	» 03
En détail	» 04
Marquer, ouvrir et fermer pour examen ou vente publique	» 05
Tarer	» 30

Recevoir du magasin, et conditionner pour remettre en magasin :

Sans échantillonner	» 03 1/2
Avec échantillonnage en commune	» 04 1/2
— en détail	» 06

Recevoir et conditionner pour l'expédition :

Sans échantillonner	» 04
Avec échantillonnage en commune	» 05 1/2
— en détail	» 08
Recevoir du magasin et surveiller le conditionnement avec ou sans marquage pour le transport aux raffineries locales	» 03
Surveiller le désarrimage à la livraison ou à la sortie	» 01 1/2

Safranum en balles

Recevoir du navire, veiller aux avaries, conditionnement d'usage, avec ou sans numérotage de séries :

Sans échantillonnage	» 07
Avec échantillonnage	» 20
Echantillonnage en magasin	» 10
Disposition pour la vente publique	» 10
Plus, par balle ouverte	» 15

Recevoir du magasin et conditionner pour remettre en magasin :

Avec échantillonnage	» 20
Sans échantillonnage	» 15

Recevoir et conditionner pour l'expédition :

Sans échantillonnage	» 20
Avec échantillonnage sans marquage	» 24
— et marquage	» 28
Conditionnement d'expédition après vente publique	» 50

---

(1) Sucre indigène : surveiller le conditionnement à l'entrée ou à la sortie fr. 0 02 c.

Salsepareille en balles

Recevoir du navire, veiller aux avaries, conditionnement d'usage avec ou sans numérotage de série :

Sans échantillonnage	» 07
Avec échantillonnage	» 18
Disposition pour la vente publique	» 10
Echantillonner en magasin	» 10

Recevoir du magasin, conditionner pour remettre en magasin :

Sans échantillonnage	» 15
Avec échantillonnage	» 20

Recevoir et conditionner pour l'expédition :

Sans échantillonnage	» 20
Avec échantillonnage sans marquage	» 24
— et marquage	» 28
Conditionnement d'expédition après vente publique pour avaries	» 50

Tabac en balles

Recevoir du navire, veiller aux avaries, conditionnement d'usage avec ou sans numérotage de série :

Sans échantillonnage	» 05
Avec échantillonnage	» 15
Echantillonner en magasin	» 10
Tarer	» 50

Recevoir du magasin, conditionner pour remettre en magasin :

Sans échantillonnage	» 10
Avec échantillonnage	» 20

Recevoir et conditionner pour l'expédition, avec ou sans marquage :

Sans échantillonnage	» 15
Avec échantillonnage	» 28

Thé

	CAISSES OU FARDEAUX.	DEMI-CAISSES, QUARTS DE CAISSES OU BOITES.
	f. c.	f. c.
Emballage	» 50	» 35
Recoudre les emballages	» 20	» 10

SUPPLÉMENT AU TARIF DE VOILERIE

Jeter sur toile, bonifier et mélanger toute marchandise en sacs	» 60
Mise en fardeau avec marquage, étiquetage, et ficeler pour plomber (fourniture de corde en sus) :	
— Latanier	» 40
— Fanons	1 —
— Rotins, bambous, joncs, à la journée	» —
Toute marchandise en sacs (par 2 sacs)	» 25
Ficeler pour plomber :	
Par balle ou fardeau	» 10
Par ballotin, suron ou sac	» 05
Marquage à la peinture, pour les bois, en lettres ou numéros seulement ou ensemble, avec ou sans indication de poids, par bille	» 05
Marquage lorsque la marchandise ne donne lieu à aucune autre opération de voilerie :	
Faire une série seulement, par sac	» 03
— par balle ou ballotin	» 04
Faire une série et marquer jusqu'à six lettres, chiffres ou figures, par sac	» 04
— — — par balle ou ballotin	» 05
Chaque lettre ou chiffre, ou figure en plus	» 01
Marquage des colis mis au dépôt	» 05
Etiquetage sur toile ou sur bois (par colis)	» 05
Colis de toute nature. Emballage et marquage :	
Au-dessus de 1 mètre cube	1 —
Au-dessous	» 50
Mettre des bandes et ficeler	» 50

Fournitures de Voilerie

Toile à balles de $0^m,75$ de largeur	le mètre.	» 40
— vieille toile	le kilogr.	» 40
Toile à sacs de $0^m,75$ de largeur	le mètre.	» 60
Toile claire pour emballage de caisses de $1^m,20$ de largeur	—	» 60
Sacs vides à café Rio, de $1^m,20$ de long	le sac.	1 25
— à café de toutes provenances, de moins de 1 mètre de long	—	1 15
— à guano	—	» 90
— à échantillons de minerais	—	» 15
Fil à coton	le kilogr.	1 60
— à café	—	2 —
— fin pour minerais	—	2 50
Cordes d'emballage	—	1 30
Paille	la botte	» 60

Prix des journées de voilier pour travaux non prévus au tarif

La journée	5 50
La demi-journée	3 —
L'heure	1 —

TARIF DES TRAVAUX DE TONNELLERIE

CONDITIONS GÉNÉRALES RELATIVES AUX TRAVAUX DE TONNELLERIE

Les opérations dites : *Recevoir du navire, surveiller les avaries avec conditionnement d'usage*, comprennent :

Toutes les opérations nécessaires pour la reconnaissance par la Douane, et pour celle des avaries et leurs constatations la marque et la série, s'il y a lieu ; et quand il n'est pas autrement stipulé au tarif. L'ouverture des colis sera payée séparément.

Les opérations dites : *Ouvrir et fermer pour examen ou vente publique*, comprennent :

Tout le travail d'usage, y compris les marquage et numérotage des lots.

Les opérations dites : *Recevoir et conditionner pour expédier ou pour remettre en magasin*, comprennent :

Toutes les opérations nécessaires pour la reconnaissance et l'arbitrage de la marchandise, avec marquage et numérotage, s'il y a lieu, quand il n'est pas autrement stipulé au Tarif. L'ouverture des colis pour arbitrage ou examen, quand elle n'est pas indiquée au tarif, sera payée séparément.

Les opérations dites : *Surveiller le désarrimage à la livraison ou à la sortie*, comprennent :

La mise de la marchandise en état d'être livrée, et le ramassage de la marchandise échappée des colis et susceptible d'y être réintégrée.

Toutes les opérations de tonnellerie comprennent les fournitures, sauf :

1° Celles tarifées spécialement pour les liquides et autres articles ;

2° Les cercles en fer ;

3° Tous les contenants d'échantillons autres que ceux en papier.

Les opérations d'échantillonnage comprennent la remise des échantillons à domicile, dans les vingt-quatre heures de leur prélèvement.

Tout marquage, compris dans une opération de tonnellerie, ne peut dépasser six lettres, chiffres ou figures : au-delà, le supplément de marquage sera payé suivant le Tarif.

En aucun cas, le marquage ne pourra être compris dans les opérations de tonnellerie désignées comme suit :

Échantillonner en magasin ; faire le plein ; nettoyer ou gratter ; surveiller le désarrimage.

Les travaux de tonnellerie non désignés au Tarif seront payés par assimilation avec ceux tarifés pour des marchandises analogues.

Acier en fûts et en caisses

	COLIS de 1 à 100 kilog.	COLIS de 100 à 200 kil.	COLIS au-dessus de 200 kilog.
	f. c.	f. c.	f. c.
Recevoir du navire, surveiller les avaries, conditionnement d'usage	» 15	» 25	» 30
Ouvrir et fermer, avec ou sans marque, pour examen ou vente publique	» 25	» 50	» 50
Recevoir et conditionner pour expédier, sans ouvrir	» 15	» 30	» 50
Tarer	» 50	1 »	1 50
Surveillance à la sortie	» 10	» 10	» 10

Anis étoilé en caisses

Alun,
Amandes,
Ambrette,
Arachides,
Arrow-root,
Avelanèdes,
Camphre,
Cannelle,
Cantharides,
Rhubarbe,
Réglisse,
Sagou,

} en caisses.

Recevoir du navire, surveiller les avaries, conditionnement d'usage :	
Sans échantillonner	» 20
Avec échantillonnage à la sonde	» 25
— et ouverture	» 50
Tarer en sus des autres opérations	» 65
Ouvrir et fermer avec ou sans marque pour examen ou vente publique	» 40
Echantillonner seulement à la sonde	» 20
— avec ouverture	» 50
Recevoir et conditionner pour expédier ou remettre en magasin :	
Sans échantillonner ni ouvrir	» 25
Avec échantillonnage à la sonde, sans ouvrir	» 35
— et ouverture	» 60
Remonter la caisse	1 25
Surveiller le désarrimage à la livraison ou à la sortie	» 05
Conditionner seulement sans échantillonner	» 20
— avec échantillonnage à la sonde	» 25
Pour collage des caisses de sagou	1 »

Antimoine en fûts ou en caisses

Agate en fûts ou en caisses.

Recevoir du navire, surveiller les avaries, conditionnement d'usage	» 45
Tarer ou vider	1 »
Ouvrir et fermer pour examen ou vente publique	» 50
Recevoir et conditionner pour expédier ou remettre en magasin, sans ouvrir	» 65
Surveiller le désarrimage	» 10

Arsenic en fûts et en caisses

Litharge en fûts et en caisses.

Recevoir du navire, surveiller les avaries, conditionnement d'usage :	
Sans échantillonnage	» 15
Avec échantillonnage à la sonde	» 25
— et ouverture	» 50
Tarer	1 50
Ouvrir et fermer avec ou sans marque, pour examen ou vente publique	» 50
Recevoir et conditionner pour expédier ou remettre en magasin :	
Sans échantillonner ni ouvrir	» 20
Avec échantillonnage à la sonde, sans ouvrir	» 25
— et ouverture	» 50
Surveiller le désarrimage à la livraison ou à la sortie	» 05

Baumes et essences

Huile de ricin.

	EN BARILS et tierçons	EN CAISSE
Recevoir du navire, surveiller les avaries, conditionnement d'usage (surveiller la vidange et l'arrimage des fûts).	f. c.	f. c.
Sans échantillonnage	» 25	» 40
Avec échantillonnage en commune	» 40	» »
— en détail	» 55	» »
Tarer les fûts	1 50	» »
Echantillonner seulement les fûts	» 25	» »
Rebattre	1 50	» »
Recevoir, sonder et conditionner pour expédier ou remettre en magasin, sans ouvrir	» 50	» »
Conditionnement pour expédier ou remettre en magasin les caisses	» »	» 50
Ouverture simple de la caisse en bois	» »	» 50
Ouvrir et vider les caisses	» »	» 75
Tarer et échantillonner un estagnon, soudage compris	» »	1 »
Echantillonner seulement les estagnons, soudage compris	» »	» 50
Ouvrir les huiles de ricin pour peser au net pour compte du vendeur	» »	» 40
Remplir, refermer, emballer et conditionner pour le compte de l'acheteur, fourniture en plus..	» »	» 75

Cafés en fûts et en caisses

Amandes, Ambrette, Arachides, Arrow-Root, Avelanèdes, } en fûts.
Cacao en fûts et en caisses.
Cachou, Camphre, Cantharides, Cochenille, } en fûts.
Colle de poisson, Girofle, } en fûts et en caisses.
Gomme laque, Gomme du Sénégal, Gomme copale, } en fûts.
Muscades, Piment, } en fûts et en caisses.
Tapioca en fûts.

	BOUCAUTS.	TIERÇONS.	QUARTS OU BARILS.	CAISSES.
Recevoir du navire, surveiller les avaries, conditionnement d'usage :	f. c.	f. c.	f. c.	f. c.
Sans échantillonnage	» 25	» 20	» 15	» 25
Avec échantillonnage en détail	» 50	» 35	» 25	» 50
Ouvrir et fermer, avec ou sans marque, pour examen ou vente publique	» 60	» 50	» 35	» 50
Echantillonner seulement	» 30	» 20	» 15	» 25
Recevoir, tarer, échantillonner et conditionner pour expédier ou remettre en magasin	1 75	1 40	» 90	1 40
Conditionner seulement pour expédier :				
Sans échantillonnage	» 40	» 30	» 25	» 50
Avec échantillonnage	» 60	» 45	» 30	» 65
Conditionner pour expédier, sans échantillonner ni tarer, les cafés en fûts déjà tarés dans le dock pour réception d'acheteur	» 35	» 25	» 20	» 35
Surveiller le désarrimage à la livraison ou à la sortie	» 05	» 04	» 03	» 10
Tarer pour la douane	2 »	1 50	1 »	1 25
— (cacaos)	1 25	» 75	» 60	1 »
Bonifier	2 »	1 50	1 »	1 50

Cigares en caisses.

Recevoir du navire, surveiller les avaries, conditionnement d'usage	» 20
Ouvrir et fermer la caisse pour examen ou vente publique	» 50
Vider la caisse avec ou sans collage de vignettes :	
Caisse de 500 cigares	» 50
— de 501 à 1,000	1 —
— de 1,001 à 10,000	1 50
— de 10,000 et au-dessus	2 —
Ouvrir la boîte pour faire le net	» 10
Recevoir et conditionner pour expédier, sans ouvrir	» 40
— pour remettre en magasin	» 25

Cire

Blanc de baleine, Caoutchouc, Nacre de perle, } en fûts et en caisses.

	BOUCAUTS.	TIERÇONS.	QUARTS OU BARILS.	CAISSES.
Recevoir du navire, surveiller les avaries, conditionnement d'usage :	f. c.	f. c.	f. c.	f. c.
Sans échantillonner	» 25	» 20	» 15	» 25
Avec échantillonnage sans vidage	» 60	» 50	» 40	» 60
— et vidage	1 25	1 10	» 75	1 »
Ouvrir et fermer avec ou sans marque, pour examen ou vente publique	» 60	» 50	» 35	» 50
Recevoir, reconnaître, tarer et conditionner pour expédier ou pour remettre en magasin, avec ou sans échantillonnage	2 »	1 75	1 25	1 50
Conditionner seulement pour expédier	» 40	» 30	» 25	» 45
Surveillance du désarrimage à la livraison ou à la sortie	» 05	» 04	» 03	» 05
Pour les caisses de caoutchouc, hausses en plus, 1 fr.				

Citrons et Oranges

	EN CAISSES.	en demi-caisses
	f. c.	f. c.
Recevoir du navire, surveiller les avaries, avec conditionnement d'usage	» 04	» 03
Ouvrir ou fermer, avec ou sans marque, pour examen ou vente publique	» 25	» 20
Conditionnement pour expédier	» 20	» 15

Cuivre en fûts ou en caisses

Recevoir du navire, surveiller le conditionnement	» 20
Ouvrir et fermer, avec ou sans marque, pour examen ou vente publique	» 50
Recevoir, tarer et conditionner pour expédier (comme pour les cafés) :	
Conditionner seulement pour expédier	» 25
Surveiller le désarrimage à la livraison ou à la sortie	» 05
Vider pour mettre en grenier	» 50

Cuivre, Plomb et Étain en lingots

	CUIVRE.	PLOMB, ÉTAIN.
	f. c.	f. c.
Couper le morceau par lingots	» 10	» 03
Couper le morceau et le couler par lingots	» »	» 05
— et le numéroter par lingots	» »	» 10

Dents d'Éléphants

Écailles.
Onglons.
Caouane.

	BOUCAUTS.	TIERÇONS.	QUARTS.	CAISSES.
Recevoir du navire, surveiller les avaries, conditionnement d'usage :	f. c.	f. c.	f. c.	f. c.
Sans échantillonner	» 35	» 30	» 25	» 40
Avec échantillonnage	» 75	» 60	» 50	» 75
Ouvrir et fermer, avec ou sans marque, pour examen ou vente publique	» 85	» 75	» 60	» 75
Recevoir, tarer, échantillonner et conditionner pour expédier ou remettre en magasin	1 50	1 15	» 90	1 40
Conditionner seulement pour expédier :				
Sans échantillonner	» 75	» 65	» 55	» 75
Avec échantillonnage	1 »	» 75	» 65	1 »
Surveiller le désarrimage à la livraison ou à la sortie	» 05	» 04	» 03	» 10
Tarer pour la douane	1 50	1 15	» 90	1 40

Farines en barils

Recevoir du navire, surveiller les avaries, conditionnement d'usage, sans échantillonner ni ouvrir	» 04 ½
Echantillonnage à la sonde	» 05
Disposition pour la vente publique	» 05
Plus, pour ouverture d'un bout, par baril ouvert	» 15
Recevoir et conditionner pour expédier ou remettre en magasin :	
Sans ouvrir	» 10
Avec ouverture d'un côté	» 15
des deux bouts	» 25
Refonçage des barils refusés à la livraison (pour compte du vendeur)	» 10
Examen des barils refusés à la livraison (pour compte de l'acheteur)	» 05
Bonifier (prix par chaque bout)	» 25
Surveiller le désarrimage à la livraison ou à la sortie	» 02 ½
Ficeler pour plomber (prix spécial pour les farines)	» 15

Goudron

	EN GONNE.	en demi-gonne.
	f. c.	f. c.
Recevoir du navire, surveiller les avaries, conditionnement d'usage	» 25	» 15
Faire le plein	» 60	» 40
Rebattre pour expédier ou remettre en magasin	1 10	» 90

Graine de lin en barils

Recevoir du navire, surveiller les avaries, conditionnement d'usage :	
Sans échantillonner	» 15
Avec échantillonnage à la sonde	» 25
Disposition pour vente publique, non compris l'ouverture	» 10
Ouvrir et fermer, avec ou sans marque, pour examen ou vente publique	» 50
Plus par baril ouvert	» 60
(En plus le voilier pour recoudre l'emballage)	
Remonter le baril	1 50
Recevoir et conditionner sans ouvrir pour l'expédition	» 30
Recoudre les emballages des barils (voilerie)	» 10

Graisses liquides en fûts

	FUTS au-dessus de 300 kilog.	FUTS de 130 à 300 kilogr.	FUTS au-dessous de 130 kilog.
Recevoir du navire, surveiller les avaries et la vidange, conditionnement d'usage :	f. c.	f. c.	f. c.
Sans échantillonner	» 45	» 35	» 35
Avec échantillonnage en détail	» 60	» 50	» 50
— en commune	» 50	» 40	» 40
Rebattre, mâter	2 »	1 50	1 50
Faire le plein	1 10	» 90	» 90
Grattage des fûts (pour l'ensemble de la partie)	» 25	» 15	» 12
Echantillonner seulement (par fût échantillonné)	» 25	» 25	» 25
Disposition pour vente publique	» 15	» 10	» 10
Ouvrir et fermer, pour examen ou vente publique, par fût ouvert	1 50	1 »	1 »
Recevoir, sonder, plaquer et conditionner pour expédier ou remettre en magasin, sans ouvrir	» 65	» 50	» 45
Surveiller le désarrimage à la livraison ou à la sortie	» 15	» 08	» 08
Nettoyage	» 75	» 50	» 25
Tarage à la journée	» »	» »	» »

Graisses liquides en caisses

Recevoir du navire, surveiller les avaries, conditionnement d'usage :	
Avec ou sans échantillonnage	» 40
En plus les frais de soudage :	
Par chaque caisse soudée	» 50
Par chaque boîte soudée	» 25
Tarer la caisse de bois seule	» 75
Vider et tarer à la réception, compris le soudage et le dessoudage	1 50
Ouvrir et fermer pour examen ou vente publique, non compris le soudage	» 50
Recevoir et conditionner pour expédier ou pour remettre en magasin :	
Sans échantillonner ni ouvrir	» 40
Avec échantillonnage en détail	1 »
— en commune	» 80
Surveiller le désarrimage à la livraison ou à la sortie, compris le soudage s'il y a lieu	» 15

Huiles d'olive

Huiles de Morue.
Huiles fixes liquides non dénommées.

	PIÈCE	DEMI-PIÈCE	QUART
Recevoir du navire, surveiller les avaries et la vidange, conditionnement d'usage :	f. c.	f. c.	f. c.
Sans sonder ni échantillonner	» 55	» 45	» 35
Avec sondage et échantillonnage	» 75	» 65	» 45
Rebattre avec moins de onze cercles fournis (chaque cercle en plus 0,25 cent)	4 »	3 »	2 50
Echantillonner seulement, par fût échantillonné, pour examen ou vente publique	» 25	» 25	» 25
Ouillage seul	» 35	» 30	» 20
Recevoir, sonder et conditionner, pour expédier ou remettre en magasin	1 »	» 75	» 60
Vider les fûts, 0,60 par 100 kil.			

Huiles de Palme et de Coco

Huile de Baleine.

	FUTS au-dessus de 300 kil.	FUTS de 130 à 300 kilog.	FUTS au-dessous de 130 kil.
Recevoir du navire, surveiller les avaries et la vidange, conditionnement d'usage :	f. c.	f. c.	f. c.
Sans échantillonnage	» 50	» 40	» 40
Avec échantillonnage en détail	» 70	» 60	» 60
— en commune	» 55	» 45	» 45
Rebattre, mâter (0,25 en plus par 100 kil., dépassant 700 kil.)	2 »	1 50	1 50
Faire le plein	1 »	» 80	» 75
Grattage des fûts (pour l'ensemble de la partie)	» 25	» 12	» 12
Échantillonner seulement (par fût échantillonné)	» 25	» 25	» 25
Sonder — — sondé	» 15	» 15	» 15
Ouvrir et fermer avec ou sans marque, pour examen ou vente publique, par fût ouvert	1 25	» 90	» 80
Recevoir, sonder, plaquer et conditionner pour expédier ou remettre en magasin, sans ouvrir	» 65	» 55	» 50
Surveiller le désarrimage à la livraison ou à la sortie	» 15	» 08	» 08
Nettoyage	» 75	» 50	» 25
Tarage, à la journée	» »	» »	» »

Huile de pétrole

en fûts de 175 kilog. et au-dessous.

Recevoir du navire, surveiller la vidange, conditionnement d'usage et échantillonnage en commune	» 20
Extraire l'eau et le pied, par fût le nécessitant	» 30
Recevoir du navire, conditionnement d'usage, échantillonner en détail, ou débonder et rebonder, peser au densimètre	» 25
Ouiller, par fût ouillé	» 15
Rebattre, par fût rebattu	» 75
Grattage des fûts, par fût gratté	» 10
Echantillonner en magasin, en commune, par fût échantillonné	» 10
— — en détail, par fût échantillonné	» 15
Recevoir, conditionner, sans ouvrir, pour expédier	» 10
Recevoir, sonder, échantillonner, conditionner pour expédier	» 20
Surveillance à la sortie du magasin	» 05
Débonder et rebonder seulement pour peser au densimètre	» 15
Tarer, par fût taré	1 —

Les fournitures en plus, comme au Tarif général.

Indigo en caisses

Cochenille en caisses.

Recevoir du navire, surveiller les avaries, conditionnement d'usage :

Sans échantillonner	» 25
» et reclouer pour l'expédition immédiate	» 50
Ouvrir et fermer pour examen au débarquement ou vente publique	» 50
Ouvrir et fermer pour échantillonnage par les courtiers, sans verser sur toile	1 »
Vider sur le côté et hausser pour l'échantillonnage par les courtiers (hausses comprises, compris le tarage pour la douane)	2 15
— — sans hausser	1 15
Les mêmes opérations avec vidage complet pour tarer, 50 cent. en plus.	
Ouvrir, verser sur toile pour livraison et expédition	1 »
Recevoir et refermer pour remettre en magasin	» 75
Recevoir, coller, cercler et conditionner pour expédier	1 75
(Cartes pour les boîtes : 2 cent. pièce.)	
Coller, conditionner pour expédier sans ouvrir	1 50

NOTA. — Voir le tarif de voilerie pour l'emballage des caisses.

Lack-Dye en caisses

Assa-fœtida, Benjoin, Cachou, Gomme laque, Gomme du Sénégal, Gomme Copale, Gommes non dénommées, } en caisses.

Recevoir du navire, surveiller les avaries, conditionnement d'usage :

Sans échantillonner	» 15
Avec ouverture pour échantillonnage	» 50
— — et verser sur le côté pour échantillonnage	1 »
Ouvrir et fermer, avec ou sans marque pour examen ou vente publique	» 50
Recevoir, tarer et conditionner pour expédier ou remettre en magasin	1 25
Hausses en plus	1 »
Conditionner pour expédier ou remettre en magasin, sans tarer ni échantillonner	» 30
Surveiller le désarrimage à la livraison ou à la sortie	» 10

Liquides en fûts

Vin, Rhum, Tafia, Esprits, Boissons et Liquides non dénommés en fûts.

	DE 1 à 75 litres.	DE 76 à 175 litres.	DE 176 à 300 litres.	DE 301 LITRES et au-dessus.
Recevoir du navire, surveiller la vidange et le conditionnement, et faire vérifier :	f. c.	f. c.	f. c.	f. c.
Sans échantillonnage	» 15	» 20	» 25	» 30
Avec échantillonnage en commune	» 20	» 25	» 30	» 40
— en détail	» 25	» 30	» 35	» 50
Chacune des opérations ci-dessus avec ouillage supportera en plus	» 10	» 10	» 10	» 15
Échantillonnage seul en commune	» 10	» 15	» 15	» 15
— en détail	» 25	» 25	» 25	» 25
Ouillage seul	» 15	» 20	» 20	» 35
Jauger seulement et prendre le degré pour la régie et la douane	» 15	» 15	» 20	» 25
— — pour le commerce	» 25	» 25	» 25	» 25
Rebattage ordinaire, compris fourniture de six cercles en bois	» 75	1 25	1 75	3 »
Rebattage des fûts cerclés en fer, sans fourniture	» 75	» 90	1 50	2 »
Depotayage comprenant ouillage et vérification (par hectolitre) (1)	» 50	» 50	» 50	» 40
Conditionner, vérifier et plaquer pour expédier sans ouillage	» 20	1 25	» 30	» 45
— — — avec ouillage	» 30	» 35	» 45	» 65
Déchaper et renchaper pour les doubles fûts en sus des autres opérations	» 50	» 75	1 »	1 50
Mise en bouteilles et le conditionnement des caisses (de gré à gré)				

Liquides en caisses

Recevoir du navire, surveiller les avaries avec conditionnement d'usage, faire vérifier la caisse	» 10
Plus, par caisse ouverte	» 40

(1) Les fûts au-dessous d'un hectolitre payeront comme pour l'hectolitre.

Minerais en fûts

Chromates,
Cendres d'Orfèvre,
Manganèse,
Noir animal et noir de fumée,
Ocre.

Recevoir du navire, surveiller les avaries, conditionnement d'usage	» 10
Vider ou tarer	1 »
Ouvrir et fermer, avec ou sans marque, pour examen ou vente publique	» 50
Recevoir et conditionner pour expédier, sans ouvrir	» 35
Surveiller le désarrimage à la livraison ou à la sortie	» 05

Potasse et Perlasse d'Amérique

Recevoir du navire, surveiller les avaries, conditionnement d'usage	» 18
Ouvrir et fermer, pour examen, vente publique ou échantillonnage	» 35
Recevoir, conditionner pour expédier ou remettre en magasin, avec ouverture	» 45
— — — sans ouvrir	» 20
Surveiller le désarrimage à la livraison ou à la sortie	» 02

Potasse de Russie en barils

Alun en barils.

Recevoir du navire, surveiller les avaries, conditionnement d'usage :	
Sans échantillonner	» 40
Avec échantillonnage à la sonde	» 50
Ouvrir et fermer, avec ou sans marque, pour examen, vente publique ou échantillonnage	» 60
Echantillonner seulement à la sonde	» 25
Recevoir et conditionner, sans ouvrir, pour expédier ou remettre en magasin, avec ou sans échantillonnage	» 75
En sus, par chaque fût ouvert pour arbitrer	» 50
Surveiller le désarrimage à la livraison ou à la sortie	» 10
Conditionner seulement pour expédier	» 40

Quercitron en fûts

Recevoir du navire, surveiller les avaries, conditionnement d'usage :

Sans échantillonner	» 50
Avec échantillonnage	» 70
Ouvrir et fermer, avec ou sans marque, pour examen ou vente publique, ou refoncer seulement	1 »
Recevoir et conditionner, sans ouvrir, pour expédier ou remettre en magasin, avec ou sans échantillonnage	1 50
En plus, par chaque fût ouvert pour arbitrer	1 »
Surveiller le désarrimage à la livraison ou à la sortie	» 20

Fourniture de cercles et planches en plus.

Raisins secs de table

Figues sèches.

	CAISSES.	DEMI-CAISSES.	QUART DE CAISSES ou boîtes.
	f. c.	f. c.	f. c.
Recevoir du navire, surveiller les avaries, conditionnement d'usage	» 02 1/2	» 02	» 01
Ouvrir et fermer, avec ou sans marque, pour examen, vente publique, ou pour échantillonner	» 12	» 10	» 08
Recevoir et conditionner, sans ouvrir, pour expédier ou remettre en magasin	» 04	» 03	» 02

Raisins secs pour boissons

	BOUCAUTS.	TIERÇONS et barils.	CAISSES et demi-caisses.
	f. c.	f. c.	f. c.
Recevoir du navire, surveiller les avaries, conditionnement d'usage	» 25	» 10	» 05
Ouvrir et fermer, ou seulement refoncer, pour examen, vente publique, ou pour échantillonner	» 50	» 30	» 20
Tarer	2 50	1 »	» 50
Recevoir et conditionner sans ouvrir, pour expédier ou remettre en magasin	» 40	» 15	» 08
Surveiller le désarrimage à la livraison ou à la sortie	» 07	» 05	» 03

Résines en barils

Asphalte, Brai, } **en barils.**

Recevoir du navire, surveiller les avaries, conditionnement d'usage	» 05
Ouvrir et fermer, ou seulement refoncer, pour examen ou vente publique	» 20
Recevoir et conditionner pour expédier ou remettre en magasin, sans ouvrir	» 15
Surveiller le désarrimage à la livraison ou à la sortie	» 03

Riz en fûts

	TIERÇONS.	1/2 TIERÇONS.
Recevoir du navire, surveiller les avaries, conditionnement d'usage :	f. c.	f. c.
Sans échantillonner	» 15	» 15
Avec échantillonnage	» 35	» 25
Ouvrir et fermer, ou seulement refoncer, pour examen ou vente publique	» 50	» 40
Vider sur toile et bonifier	1 50	1 »
Recevoir, échantillonner et conditionner pour expédier, sans ouvrir	» 65	» 50
— — pour remettre en magasin	» 50	» 30
Surveiller le désarrimage à la livraison ou à la sortie	» 10	» 05
Conditionner seulement pour expédier	» 40	» 25
Échantillonner seulement en commune	» 15	» 15
— — en détail	» 20	» 20

Rocou en futs

Recevoir du navire, surveiller les avaries, conditionnement d'usage :	
Sans échantillonner	» 25
Avec échantillonnage par la bonde	» 40
Ouvrir et fermer, avec ou sans marque, pour examen ou vente publique	» 75
Débonder et rebonder	» 15
Échantillonner seulement par la bonde	» 20
Recevoir, conditionner, avec ou sans échantillonnage, pour expédier ou pour remettre en magasin :	
Sans ouvrir	» 50
Avec ouverture	1 »
Surveiller le désarrimage à la livraison ou à la sortie	» 05
Rebattage avec fourniture de 6 cercles en bois	2 »
Chaque cercle en plus	» 25

Saindoux en fûts

Graisses concrètes, } **en fûts**
Mélasse, }

	BOUCAUTS.	TIERÇONS	BARILS	FREQUINS	1/2 BARILS.
	f. c.	f. c.	f. c.	f. c.	f. c.
Recevoir du navire, surveiller les avaries, conditionnement d'usage :					
Sans échantillonner	» 20	» 15	» 10	» 05	» 10
Avec échantillonnage en commune	» 40	» 30	» 25	» 10	» 15
— en détail	» 55	» 40	» 30	» 12	» 25
Ouvrir et fermer, avec ou sans marque, pour examen ou vente publique	» 75	» 50	» 40	» 25	» 30
Tarer	2 »	1 25	1 »	» 50	1 »
Nettoyer	» 75	» 50	» 25	» 15	» 25
Rebattre seulement	2 »	1 25	1 »	» 50	» 75
Échantillonner seulement en commune	» 30	» 20	» 20	» 08	» 20
— en détail	» 45	» 25	» 25	» 10	» 25
Recevoir et conditionner pour expédier ou remettre en magasin, sans ouvrir :					
Sans échantillonner	» 60	» 25	» 25	» 10	» 15
Avec échantillonnage en commune	» 70	» 35	» 35	» 10	» 20
— en détail	» 75	» 45	» 40	» 15	» 30
Surveiller le désarrimage à la livraison ou à la sortie	» 10	» 05	» 05	» 02	» 05
Ficeler pour plomber (prix spécial pour les frequins de Saindoux)				» 15	

Sucres en fûts des colonies françaises

Couperose.

	EN BARRIQUES.	EN TIERÇONS.	EN QUARTS.
Recevoir du navire, surveiller les avaries, conditionnement d'usage :	f. c.	f. c.	f. c.
Sans échantillonner	» 40	» 25	» 20
Avec échantillonnage en détail sans ouvrir	» 50	» 40	» 30
Ouvrir et fermer, avec ou sans marque, pour examen ou vente publique	» 75	» 50	» 30
Tarer	2 50	1 75	1 25
Faire le plein (par chaque fût rempli)	1 50	1 »	» 75
Échantillonner en magasin			
— en détail	» 30	» 25	» 15
Recevoir, ouvrir pour arbitrer et conditionner pour expédier, avec échantillonnage en détail	1 10	» 90	» 75
Recevoir, ouvrir pour arbitrer et conditionner pour laisser en magasin :			
Avec échantillonnage en détail	1 »	» 80	« 65
Recevoir, ouvrir pour arbitrer et conditionner pour le transport aux raffineries locales :			
Avec échantillonnage en détail	» 90	» 70	» 55
Conditionner seulement, sans mâter, pour expédier :			
Sans échantillonnage	» 50	» 30	» 30
Avec échantillonnage	» 70	» 50	» 40
Surveiller le désarrimage à la livraison ou à la sortie	» 10	» 05	» 05
Ficelage pour la douane	» 25	» 20	» 20

NOTA. — Pour les *sucres étrangers* les prix sont augmentés de 10 %.

Sucres en caisses

	DE HAVANE ET CUBA.	DU BRÉSIL.
	f. c.	f. c.
Recevoir du navire, surveiller les avaries, conditionnement d'usage :		
Sans échantillonner	» 10	1 »
Avec échantillonnage en commune	» 20	1 20
— en détail	» 25	1 25
Ouvrir et fermer pour examen, vente publique ou arbitrage, avec ou sans marque	» 50	1 »
Tarer	1 30	3 »
Faire le plein	1 »	1 50
Échantillonner en magasin seulement :		
— en commune	» 12	» 25
— en détail	» 15	» 30
Recevoir et conditionner pour expédier, sans ouvrir :		
Avec échantillonnage en détail	» 35	1 25
— en commune	» 30	1 20
Recevoir et conditionner, sans ouvrir, pour laisser en magasin ou pour transport aux raffineries locales :		
Avec échantillonnage en détail	» 25	1 10
— en commune	» 20	1 05
Conditionner sans échantillonner, pour expédier	» 20	» 75
Surveiller le désarrimage à la livraison ou à la sortie	» 05	» 40
Ficelage	» 20	» 50

Suifs d'Amérique en caisses

Graisses concrètes en caisses.

Recevoir du navire, surveiller les avaries, conditionnement d'usage :	
Sans échantillonner	» 15
Avec échantillonnage en détail	» 30
— en commune	» 25
Ouvrir et fermer, avec ou sans marque, pour examen ou vente publique, par caisse ouverte	» 50
Tarer	» 75
Nettoyer	» 25
Recevoir et conditionner pour expédier, sans ouvrir :	
Sans échantillonner	» 20
Avec échantillonnage en détail	» 40
— en commune	» 35
— — pour remettre en magasin	» 25
Echantillonnér seulement	» 20
Surveiller le désarrimage à la livraison ou à la sortie	» 30

Suifs d'Amérique en fûts

	BOUCAUTS.	TIERÇONS.	BARILS.	FREQUINS.
Recevoir du navire, surveiller les avaries, conditionnement d'usage :	f. c.	f. c.	f. c.	f. c.
Sans échantillonner	» 25	» 15	» 10	» 05
Avec échantillonnage en commune	» 40	» 25	» 25	» 10
— en détail	» 50	» 35	» 30	» 12
Ouvrir et fermer, avec ou sans marque, pour examen ou vente publique	» 75	» 50	» 40	» 25
Tarer	3 »	1 25	1 »	» 50
Nettoyer	» 75	» 50	» 25	» 15
Rebattre seulement	2 »	1 25	1 »	» 50
Echantillonner seulement :				
En commune	» 30	» 25	» 20	» 08
En détail	» 40	» 30	» 25	» 10
Recevoir et conditionner pour expédier ou remettre en magasin, sans ouvrir :				
Sans échantillonner	» 60	» 30	» 25	» 10
Avec échantillonnage en commune	» 70	» 40	» 35	» 10
— en détail	» 75	» 50	» 40	» 15
Surveiller le désarrimage à la livraison ou à la sortie	» 10	» 05	» 05	» 02

Suifs de Russie en fûts

Recevoir du navire, surveiller les avaries, conditionnement d'usage, compléter les cercles :

Sans échantillonner	» 50
Avec échantillonnage en commune	» 60
— en détail	» 70
Ouvrir et fermer, avec ou sans marque, pour examen ou vente publique	» 75
Échantillonner en magasin seulement	» 25
Recevoir, échantillonner et conditionner pour expédier, sans ouvrir	» 65
— — — pour laisser en magasin	» 40
Conditionner seulement, sans échantillonner, pour expédier	» 30
Surveiller le désarrimage à la livraison ou à la sortie	» 10

Thé

	CAISSES.	DEMI-CAISSES.	QUART DE CAISSES et boîtes.	FARDEAUX.
Recevoir du navire, surveiller les avaries, conditionnement d'usage :	f. c.	f. c.	f. c.	f. c.
Sans échantillonner	» 12	» 08	» 05	» 12
Avec échantillonnage à l'emporte-pièce	» 25	» 25	» 20	» »
Avec échantillonnage et ouverture	» 50	» 50	» 40	» »
Tarer et échantillonner, thé noir	1 50	1 25	» 75	» »
— — thé vert	1 »	» 75	» 50	» »
Recevoir et conditionner pour expédier, sans échantillonner ni ouvrir :				
Pour les caisses emballées	» 30	» 25	» 20	» 30
— non emballées	» 50	» 40	» 25	» »
Échantillonner en magasin, à l'emporte-pièce	» 20	» 20	» 20	» »
— avec ouverture	» 50	» 50	» 40	» »
Ouverture pour examen ou vente publique	» 40	» 40	» 30	» »

Tabac en fûts

Conditionner au débarquement, fournitures en plus	» 50
Veiller à l'avarie et marquer au débarquement	» 20
Echantillonner et reconditionner pour le magasin	2 »
Conditionner pour expédier	1 »
Tarer (à la journée).	
Ouvrir et fermer pour examen ou vente publique	1 »
Surveiller le désarrimage à la livraison ou à la sortie	» 10

Vanille en caisses

Recevoir du navire, surveiller les avaries, conditionnement d'usage :	
La caisse	» 50
Ouvrir et vider, la caisse de bois	1 »
Vider, peser au net, souder et dessouder, la boîte	1 30
— sans souder ni dessouder, la boîte	» 80
Recevoir et conditionner pour l'expédition, la caisse	» 50
Vider pour classement ou examen, chaque boîte	» 50
Dessouder seulement	» 30
Ressouder	» 50

Viandes et poissons salés en saumure

	EN TIERÇONS.	EN BARILS.	EN 1/2 BARILS.
	f. c.	f. c.	f. c.
Recevoir du navire, surveiller les avaries, conditionnement d'usage	» 25	» 20	» 10
Ouvrir et fermer, avec ou sans marque, pour examen ou vente publique	1 »	» 75	» 60
Ouvrir et vider	1 50	1 35	» 75
Rebattre seulement	1 30	1 20	» 80
Débonder seulement	» 10	» 10	» 10
Recevoir, conditionner pour expédier ou remettre en magasin, sans saumurer ni ouvrir	» 25	» 25	» 15
Avec saumure par la bonde	» 40	» 30	» 25
(En plus la saumure, à 20 cent. le litre.)			
Surveiller le désarrimage à la livraison ou à la sortie	» 05	» 05	» 02
Saumurer seulement	» 10	» 10	» 10

Viandes et poissons salés non saumurés

	EN CAISSES.	EN BOUCAUTS.	EN TIERÇONS.	EN BARILS.
	f. c.	f. c.	f. c.	f. c.
Recevoir du navire, surveiller les avaries, conditionnement d'usage	» 30	» 40	» 20	» 15
Ouvrir et fermer pour examen ou vente publique	» 50	» 50	» 40	» 30
Recevoir, vider, tarer, vérifier et conditionner pour expédier ou remettre en magasin	1 40	2 »	1 »	» 75
Conditionner seulement, pour expédier ou remettre en magasin	» 50	» 70	» 40	» 30
Surveiller le désarrimage à la livraison ou à la sortie	» 10	» 10	» 05	» 05
Ouvrir et vider pour compte du vendeur	» 50	1 »	» 50	» 40
Remplir, fermer et conditionner pour l'acheteur	1 »	1 50	» 50	» 40

Travaux de Tonnellerie à bord ou sur le quai pour compte du navire.

Commandés par le capitaine ou exécutés d'office, quand il y a nécessité, pour assurer la mise à terre, conformément aux usages de la place.

PAR COLIS TRAVAILLÉ.

	BOUCAUTS ou pipes.	TIERÇONS ou demi-pipes.	QUARTS ou barils.	CAISSES.	DEMI-CAISSES ou boîtes.
LIQUIDES.	f. c.	f. c.	f. c.	f. c.	f. c.
Conditionnement suivant l'usage	» 75	» 60	» 50	» »	» »
TOUTES AUTRES MARCHANDISES.					
Conditionnement ou refonçage	» 60	» 40	» 30	» 50	» 15

Fournitures en plus, suivant le tarif.

SUPPLÉMENT AU TARIF DE TONNELLERIE

Ficeler pour plomber, par colis	» 20
Marquage jusqu'à six lettres, chiffres ou figures, lorsque la marchandise ne donne lieu à aucune autre opération de Tonnellerie tarifée	» 10
(Chaque lettre ou figure en plus F. 0 02.)	
Ouverture et fermeture de caisses non dénommées	» 50
— — — et vider ou tarer	1 25
Dessouder et ressouder	1 »

Prix des journées de Tonnelier pour travaux non prévus au tarif

Par journée entière	5 50
Par demi-journée	3 »
Par heure	1 »

Prix des fournitures pour les liquides

	FUTS de 1 à 75 litres.	FUTS de 76 à 175 litres.	FUTS de 176 à 300 litres.	FUTS de 301 litres et au-dessus.
	f. c.	f. c.	f. c.	f. c.
Cercles en bois	» 15	» 15	» 20	» 25
Cercles en fer	» 60	» 80	1 15	1 40
Jables	» 20	» 20	» 25	» 25
Douves ou morceaux de fonds	» 80	» 80	» 80	1 »
Fonds entiers	1 50	2 25	3 50	5 »

Pour toutes les autres fournitures de Tonnellerie, la Compagnie traitera de gré à gré avec les négociants, qui auront néanmoins la faculté de les fournir eux-mêmes.

TABLE DES MATIÈRES

	Pages
Arrêté du Ministre	3
Règlement :	
Navires admissibles dans le dock	5
Navires pour lesquels l'entrée du dock est obligatoire	5
Défense de donner des spiritueux ou des gratifications	6
Déchargement à tour de rôle	6
Déclaration en douane dans les trois jours de l'arrivée	6
Lingots, espèces et colis de valeur à bord des navires	7
Dommages et pertes à bord des navires	7
Mouvement d'entrée et de sortie des navires dans le dock	7
Tarif des carnets de poids des cargaisons	7
Feu et lumières	8
Heures d'ouverture et fermeture du dock	8
Obligations et responsabilité de la Compagnie	8
Marchandises débarquées en dehors du dock	9
Opérations du dock	9
Lestage et chargement des navires	9
Bases des tarifs. — Minimum de perception	10
Indivisibilité des droits établis par chaque opération	10
Commandes du commerce	10 et 11
Commandes d'urgence	11
Travaux exécutés d'office	10
Exécution des commandes à tour de rôle	11
Magasinage	11
Droit de stationnement imposé aux marchandises laissées sous les hangars ou dans les cours après leur vérification	12
Avaries	12
Ventes publiques	12
Transferts	13
Opérations en douane et autres pour le compte du commerce	14
Visite des marchandises. — Défense d'entrer dans le dock	13
Marchandises dangereuses	13
Ramassages et balayures	13
Refus d'acquitter les droits dus à la Compagnie	14 et 15
Délivrance de warrants	13
Délivrance des bulletins d'entrée	14
Comptes courants de frais, soumissions	15
Tarif des manutentions et des magasinages	19 à 36
Tarif des cas imprévus (Journées d'ouvriers)	37
Tarif des bulletins de poids détaillés	37
Tarif des droits de bureau pour déclarations et acquittements en douane	37 et 38
Tarif spécial des frais de magasinage des marchandises libres	41 à 44
Tarif spécial pour le pilage des Sucres raffinés	45
Tarif de location de la Salle de Vente	46
Tarif des travaux de voilerie :	
Conditions générales	47
Arachides en sacs	48
Blé en sacs	56
Borax en sacs	48
Cacao en sacs	49
Cachou en sacs	49
Café en sacs	49
Cannelle en paquets et en balles	50
Caoutchouc en sacs	50
Cire en balles	51
Cochenille en sacs et en surons	51
Cotons en balles pressées et non pressées	52
Crin en balles et en surons	53
Crin végétal et mousse en balles	53
Curcuma en sacs et en pochettes	54
Éponges en balles	54
Fanons	55
Gimgembre en sacs et en pochettes	54
Girofle en sacs	49
Gomme en sacs	55
Grains et graines en sacs	56
Guano en sacs	56
Houblon en balles	56
Ipécacuanha en sacs et en surons	51
Jalap en sacs et en surons	51
Jute	57
Laines en balles et ballotins	57
Maïs en sacs	56
Marchandises non dénommées en balles pressées	58

	Pages
Marchandises non dénommées en balles non pressées	58
Marchandises non dénommées en surons	58
Minerais en sacs	59
Nitrates de soude en sacs	59
Orseille en balles	60
Peaux de mouton en balles	61
Pelleteries en balles	61
Piment en sacs	49
Plumes d'autruche et de vautour en balles	60
Poivre en sacs	49
Quercitron en sacs	61
Quinquina en sacs et en surons	51
Riz en sacs	62
Rocou en paniers	62
Rognures de cuir en balles	62
Salpêtre de l'Inde en sacs	49
Salsepareille en balles	64
Safranum en balles	63
Sucre en sacs	63
Tabac en balles	64
Thés (emballage des)	64
Vachettes en balles	61
Supplément au tarif de voilerie	65
Fournitures de voilerie	66
Journée de voilier	66
Tarif des travaux de tonnellerie :	
Conditions générales	67
Acier en fûts et en caisses	68
Agates en fûts ou en caisses	69
Alun en barils	79
Alun en caisses	68
Amandes en caisses	68
Amandes en fûts	70
Ambrette en caisses	68
Ambrette en fûts	70
Anis en caisses	68
Antimoine en fûts ou en caisses	69
Arachides en caisses	68
Arachides en fûts	70
Arrow-root en caisses	68
Arrow-root en fûts	70
Arsenic en fûts ou en caisses	69
Asphalte en barils	73
Assa-fœtida en caisses	77
Avelanèdes en caisses	68
Avelanèdes en fûts	62
Beaumes en fûts et en caisses	69
Benjoin en caisses	77
Boissons et liquides non dénommés en fûts	78
Blanc de baleine en fûts	71
Brai en barils	81
Cacao en fûts et en caisses	70
Cachou en fûts	70
Cachou en caisses	77
Cafés en fûts et en caisses	70
Camphre en fûts	70
Camphre en caisses	68
Cannelle en caisses	68
Cantharides en fûts	70
Cantharides en caisses	68
Caouane en fûts et en caisses	73
Caoutchouc en fûts et en caisses	71
Cendres d'orfèvre	79
Chromates en fûts	77
Cigares en caisses	71
Cire en fûts et en caisses	71
Citrons et oranges en caisses	72
Cochenille en fûts	70
Cochenille en caisses	77
Colle de poisson en fûts et en caisses	70
Couperose en fûts	83
Cuivre en fûts et en caisses	72
Cuivre en lingots	72
Dents d'éléphant en fûts et en caisses	73
Ecailles en fûts et en caisses	73
Esprits en fûts	78
Essences en fûts et en caisses	69
Etain en lingots	72
Farine en barils	73
Figues sèches	80
Girofle en fûts et en caisses	70
Gommes en fûts	70
Gommes en caisses	77
Goudron	74
Graine de lin en barils	74
Graisses liquides en fûts	74
Graisses liquides en caisses	75
Graisses concrètes en fûts	82
Graisses concrètes en caisses	84
Huile de ricin	69
Huiles d'olive, huiles de morue et huiles fixes liquides non dénommées en fûts	75
Huiles de palme, huiles de coco et huiles de baleine	76
Huile de pétrole	76
Indigo en caisses	77
Lack-dye en caisses	77
Liquides en fûts	78
Liquides en caisses	78
Litharges en fûts et en caisses	69
Machines en caisses (de gré à gré)	
Manganèse en fûts	79
Mélasse en fûts	82
Métaux en lingots	72
Minerais en fûts	79
Muscades en fûts et en caisses	70
Nacre de perle en fûts et en caisses	71
Noir animal et noir de fumée	79
Ocre	79
Onglons en fûts et en caisses	73
Piment en fûts et en caisses	70
Plomb en lingots	72
Potasse et perlasse d'Amérique	79
Potasse de Russie, en barils	79
Quercitron en fûts	80
Raisins secs de tables en caisses	80
Raisins secs pour boissons en fûts et en caisses	80
Réglisse en caisses	68
Résine en barils	81
Rhubarbe en caisses	68
Rhum en fûts	78
Riz en fûts	81
Rocou en fûts	81

	Pages
Sagou en caisses	68
Saindoux en fûts	82
Sucre en fûts	83
Sucre en caisses	84
Suif d'Amérique en caisses	84
Suif d'Amérique en fûts	85
Suif de Russie en fûts	85
Tabac en fûts	86
Tafia en fûts	78
Tapioca en fûts	70
Thé	86
Vanille en caisses	86
Viandes et poissons salés en saumure	87
Viandes et poissons salés non saumurés	87
Vin en fûts	78
Travaux de tonnellerie à bord pour compte du navire	88
Supplément au tarif de tonnellerie	89
Journées de tonnelier	89
Fournitures de tonnellerie	89

HAVRE. — Imprimerie du Commerce, A. LEMALE AÎNÉ, rue de Bapaume, 3. — 6240

www.ingramcontent.com/pod-product-compliance
Lightning Source LLC
LaVergne TN
LVHW020424230826
846091LV00004B/1398

9782013625517